献给我的父母
献给《巴渝都市报》

通往融媒之路

陈杨 著

南昌

图书在版编目(CIP)数据

通往融媒之路／陈杨著. -- 南昌：江西高校出版社，2025.3. -- ISBN 978-7-5762-5011-4
Ⅰ.G21
中国国家版本馆 CIP 数据核字第 2024JT7983 号

| 策划编辑 | 陈永林 | 责任编辑 | 王良辉 |
| 装帧设计 | 辉汉文化 | 责任印制 | 涂亮 |

出版发行	江西高校出版社
社　　址	江西省南昌市洪都北大道96号
邮政编码	330046
总编室电话	0791-88504319
销售电话	0791-88511423
网　　址	www.juacp.com
印　　刷	永清县晔盛亚胶印有限公司
经　　销	全国新华书店
开　　本	880 mm×1230 mm　1/32
印　　张	8
字　　数	200千字
版　　次	2025年3月第1版
印　　次	2025年3月第1次印刷
书　　号	ISBN 978-7-5762-5011-4
定　　价	42.00元

赣版权登字-07-2024-496
版权所有　侵权必究

图书若有印装问题,请随时联系本社印制部(0791-88513257)退换

自序

1977年，高考恢复，那时能考上大学，就是天之骄子，人人称羡，哪管他学什么专业。高中毕业，全班50多名同学，只有一名女生考上西南师范学院，其余同学分道扬镳，走上了通往罗马的条条道路。而学校号称全县最牛中学。

我18岁考入报社，从练习生学起，一直干到退休，应验了那句形容三线建设者的话"献了青春献终身"，只差献子孙了。

《读者》杂志上曾有一篇文章，叫《一个人一辈子只能做一件事》。我理解作者说的"一件事"应当是惊天动地的大事，"两弹一星""神舟飞天"之类，如我般芸芸众生，勤勉努力，埋头苦干，不负几两碎银，无愧职业理想，算是"成功"的人生吗？

以我的职业生涯观察，新闻媒体这行，门槛不高，匠人气息浓厚，执着坚持是其秘诀，如能勤于学习、长于思考、善于总结、敢于创新，写出好的作品只是时间问题。我能从新闻练习生历练成高级编辑莫不遵循此法。

在常人眼里，媒体有大小之分，央媒让人无限敬仰，省媒被人趋之若鹜，地方官以当地新闻上大报大台为荣，对区域性地方媒体往往不屑一顾，对辖区媒体则多是颐指气使，甚至不如对商业平台或自媒体大V的态度，为什么？怕曝光啊。

好在大多数媒体人有自己的风骨，经受住了各种不可言说的考验。我在原地级后演变为区级的媒体从业几十年，见惯了诸多文字的"惊涛骇浪"和"爱恨情仇"。笔录在此，算是为地方文化史作一补白。

个体的历史能反映一个时代的变迁，习惯了宏大叙事的我们，看看个人的回头张望，是对官方著史的个性诠释和补充，哪怕它充满反省和不主流的声音，但它提供了个性化和多维度的视角，无疑具有无可替代的价值。随着时间的流逝，个体的声音愈发弥足珍贵。

因而，我从如何当传统媒体记者编辑说起，结合报纸的变迁史，讲到进入融媒体时代如何搏击新型主流媒体。不作理论推演，没有佶屈聱牙的概念堆砌，只讲从业新闻媒体的心得、经验、教训，尽可能不泛泛而谈，注重有用、实用，全景展示一个基层新闻人"择一事，终一生"的执着与奋进。这对有志于从业新闻的"小白"，以及正探索融媒体建设的媒体人尤其是管理者，一定会有无可替代的阅读和启迪价值。

我成长于小县城，从业在最基层媒体，无显赫的家世，更没复杂的社会关系。但父母赋予的天性，异乎寻常的正统启蒙教育，家庭氛围的影响，让我养成了独立思考、踏实做事、低调做人、不与人争、坚持不懈的个性。所以在附录中我回忆了与父母及家人在一起的美好时光，从中可以洞见一个新闻人从哪里来，为何走到今天。

特别感谢蒋从容、方玉莲、潘力妮不辞辛劳地做了编校工作，李夏、黄河提供了摄影图片，朋友王庆抓拍了作者简介照片，兰支富提供了版面资料。感谢胡云昌、马永刚、刘光明、潘力妮、姚彬、何莉在出版过程中给予的无私帮助。限于水平和资料搜集的不完整，行文不准确和疏漏之处在所难免，望读者海涵。

2023 年 6 月

目录

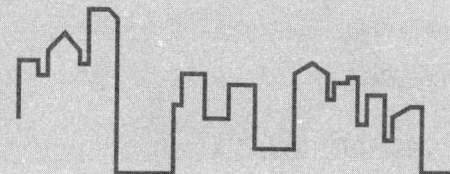

第一章　小荷初露尖尖角 …………………………………… 1
　　媒体人的幼儿园 ……………………………………………… 1
　　不只为了文凭 ………………………………………………… 10
　　留在武陵山的疤痕 …………………………………………… 12

第二章　笨鸟勤飞无垠天空 ………………………………… 18
　　最是寻常却奇巧 ……………………………………………… 18
　　三峡行 ………………………………………………………… 31
　　最快的脚步是坚持 …………………………………………… 38

第三章　文存笔尖　青灯不灭 ……………………………… 44
　　"黑白颠倒"练就真功 ……………………………………… 44
　　大样背后的定夺 ……………………………………………… 53
　　无名之辈谁著史 ……………………………………………… 67

第四章　丹青妙手　策划为先 ... 75
- 执行力，报道策划之核 ... 75
- 《巴渝都市报》创办始末 ... 87
- 《投资涪陵》诞生记 ... 97

第五章　困顿中的生存之战 ... 103
- 难以理解之象 ... 103
- 讲好本土故事 ... 106
- 打造媒体品牌 ... 113

第六章　报纸，一叶摇晃的扁舟 ... 118
- 新中国成立后重庆最早的党报 ... 118
- 一张地方报，半部本土史 ... 122
- 新闻人群像 ... 128
- 渐渐远去的帆影 ... 134

第七章　从一纸风行到向融而生 ... 141
- 起步网站：本土为先 ... 141
- 论坛，"开门办网"的样本 ... 149
- 手机报免费看？ ... 152
- 报纸不只是一张报纸 ... 155

第八章　融合，没有终点的远方 ... 162
- 我是谁？ ... 162
- 防止沦为新版纸媒 ... 166
- 求解"卡脖子"难题 ... 170

不得不补齐的短板 …………………………… 175
10年，有喜有忧 ……………………………… 184
人才　人才 …………………………………… 190

附录

我的父亲母亲 ………………………………… 195
"60后"的成长之路 …………………………… 208
过年 …………………………………………… 220
"特种兵式"出游：老头的另一面 …………… 224

后记

"消失"的报社 ………………………………… 242

第一章　小荷初露尖尖角

媒体人的幼儿园

涪陵，一座具有两千多年历史的古城，地处重庆市中部、三峡库区腹地，长江和乌江交汇于此。

专家普遍的说法是，因乌江古称涪水，加上巴国先王陵墓多位于此，而得名涪陵。涪陵自古是乌江流域的物资集散地、繁盛的水码头。

《涪陵市志》记载："城区地处乌江与长江汇合处，自古地连'五郡'，舟会'三川'，西通渝戎，东走宜汉京沪，南进酉秀湘黔。上古，巴国曾建都于此，后历为州（郡）、县治所；宋代是巴蜀六大商贸中心之一，清代有'小重庆'之称，近数十年来有'榨菜之乡'的美誉。"

这是被无数印刷品演绎过的文字。无可争辩的是，"榨菜之乡"之说，名不虚传，逢年末岁首，到涪陵农村走一走，看到满山遍野种植的青菜头，会深感震撼。

但我以为，真正让涪陵亮相世界、声名远播的，《江城》功不可没。它出版以来持续稳居美国畅销书榜，被译成多国文字。作者彼得·海斯勒（中文名何伟）絮絮叨叨讲述了两年的涪陵生活，让他从一个志愿者变成了享誉海内外的著名作家。如今不少老外游三峡，都渴望看看何伟笔下的涪陵。

我没有何伟的传奇经历和旷世才情，只有在涪陵踏踏实实生活了 40 余年的媒体人生。

说来无人相信，我进了报社才第一次听说"地委""行署"，第一次知道四川省下面设涪陵地区，管辖着 10 个县，丰都是其中之一。如此无知，是学校教育出了问题？还是年龄太小，知识面太窄？抑或眼界不宽甚至根本没有眼界？

答案似是而非。

招练习生，是报社 1950 年成立以来第一次。采编队伍已青黄不接，难以为继。此时已是 1981 年底，改革开放的春雷，让老一辈报人看到了基层报业草长莺飞的春天，也让 15 名高考落榜生有机会成为新闻练习生。

什么叫练习生，没人给新入职的我们解释。

现在说练习生，大都指娱乐圈挖掘培养新人的方式。据说练习生制度起源于日韩，是演艺机构的一种培养模式，旨在通过选拔、培养、包装等环节，把练习生打造成正式的艺人，进而成为偶像。从韩庚、鹿晗，到蔡徐坤、程潇，这些流量明星都有着"练习生"的身份标签。

但实则我国在很多行业都有练习生一说。新闻练习生，早在民国时期已有之，并非舶来品。培养流程倒是与塑造明星偶像相似，选拔、培训，继而正式上岗，但无包装。

新闻练习生文化功底是基础，专业能力是立身之本，性别、形象、体形这些外在因素没有硬性要求。

报社在招考启事中特别说明，当年高考语文成绩必须在及格线以上方有资格报名。录取的 15 人除 4 名来自其他区县外，其余全是涪陵城本地学生，这也从一个侧面说明地区所在地的教学质量和优势明显。

青涩懵懂中，一个新闻人的职业生涯开启。

入职后，报社制订了半年进阶式培养计划。我们像学生一样，在简陋的会议室天天上课。老报人从报社的历史、新闻的常识开始讲起，简讯、消息、通讯、言论等等，整整六个月课堂教学，我们笔记记了几大本，作业做了厚厚一沓。

教写作课的老师，敦实的个子，宽宽的脸型，常抱着一沓作业本来到课堂讲解，然后一个一个地单独交流。有一次他对我在作文中形容天空呈"玫瑰色"，以委婉的口气提出商榷。看着他用漂亮钢笔字一字一句修改的作业，我初识报社编辑的字斟句酌和认真负责，熟悉后才知他是命运多舛的资深编辑夏永才。

◎ 部分练习生在一起，那时无人喝酒，手握的是饮料

印象最深的是社党委书记，姓况，50多岁，从县委领导岗位调来，总穿着皱巴巴的蓝色中山装，讲从业道德和纪律要求，讲到不准穿喇叭裤时，学生们议论纷纷，很是抵触。小的18岁不

到,最大的也才20岁出头,国门刚打开,《追捕》《望乡》《流浪者》还没看过瘾,想学的还没学会,就不让穿"奇装异服",反响负面是必然,这也是一个时代的镜头。

现在年轻人求职最关心的是工资与福利待遇,那时完全没概念,自己定位也是一名学徒。工资没有级别,月薪18.5元,4人一间集体宿舍,吃食堂。业余时间瞎逛只有一条大街的涪陵城,喜欢留意电影院预告,看电影是唯一消遣。

城内唯一的一条大街叫中山路,说是为纪念孙中山先生而命名,但确定无疑的是孙先生与涪陵毫无瓜葛。大街横向穿城而过,是一条繁华的商业街,东起大东门,西止秋月门,分中山东路和中山西路。报社地处中山西路,与县川剧团隔街相望。

涪陵人茶余饭后的话题,大都与这条街脱不了关系。大东门有雪鸿照相馆,北门口"豆花鲜"的老板娘人称"豆花西施",城墙边巷子内有公共澡堂,电影院对面有老饼子,夏家沟有卤鸭,中山宾馆有接待,古朴的腰街子有旧洋装。

年轻,精力旺盛,无啥羁绊,没多久,我对这条街的熟悉俨然一本地人。但自己明白,这不是到此一游,是人生的新起点。

转眼半年过去,师带徒开始。

纸上得来终觉浅,绝知此事要躬行。新闻采写是一门实践性非常强的活,理论知识学再多,如果没有实际操作和现场历练,那很难成为行家里手。

报社在全地区各县设了多个记者站,每个站1人,负责本地的新闻报道。我与钟昕分到南川县学采访,老师是驻站的谭兴政。

谭老师瘦高的个子,长长的头发覆盖着有疤痕的右眼睑,头顶有一块斑秃。"异相奇人",他是报社有名的高产记者,在当地颇有声望。

南川县当时的乡镇企业、工业发展在全地区声名显赫，煤矿尤其多，茶厂、建材厂、水泥厂等成规模的企业有许多家，在全省也小有名气。

采访线索、点子，由老师和宣传部新闻干事提供，我们跟着天天跑，写初稿，然后由老师修改。

那时没有电脑，每篇稿子要垫复写纸二三张，甚至四五张，一份投本报，一份投县广播站，自认为有分量的还投《四川日报》《四川农村报》、省广播电台。事实上自觉承担了当地的外宣任务。

今朝唯我少年郎，敢问天地试锋芒。

近两个月初试身手，照猫画虎，我主要采写了《大观公社红茶厂春茶产量、质量大提高》《东方红大队因地制宜广开生产门路，发展农副工商业》等"棒棒消息"近20条，算不上真正的新闻。

之所以叫"棒棒消息"，是业界前辈对消息文体八股写作的戏谑叫法。题材内容正能量，按"金字塔"结构写成，概述式导语、交代背景、主体事实、前景展望，篇篇一个模式。"金字塔"结构没有把最新最重要的事实放在导语中。

在报界摸爬滚打多年后，我才算真正明白，那是一种纯工作性质的宣传稿，题材聚焦党委政府中心工作，"成效显著""水平提高""扭亏为盈""开门红"等，表达套话、空话，事实空洞，语态高大上、文件化，是当时新闻界通用的话语体系、主打内容和写作范式。

它是用一种叫"新闻"的形式，履行面向大众宣传的职能！

"师傅领进门，修行在个人"。后来的从业生涯中，采写消息，我始终力求避免采用此样式，而用"倒金字塔"结构，尽量做到把最新最重要的事实放在导语中，层层递进，力求生动。消息采写是一名新闻人最基础的功夫，风靡一时的《参考消息》提供了蓝本。

刊发在本报的一则短消息可以管中窥豹，看见我的努力：

重庆新闻人：复旦"充电"

本报讯（记者陈杨）台上教授、博士旁征博引，侃侃而谈，课件文图并茂，精彩照片不断；台下学员聚精会神，认真笔记，答问踊跃。11月8日，在复旦大学新闻学院，来自重庆市新闻传媒的社长、总编、首席记者等41名学员开始"充电"。

名为"重庆新闻传媒高级研修班"的培训，由市委宣传部和复旦大学新闻学院共同主办。在第一天的课堂上，上课的教授李良荣、博士张志安都不约而同地讲到了重庆"最牛钉子户"和正在开展的"＊＊"行动，引起重庆新闻人的共鸣。在接下来为期12天的学习中，学员们将在十多个专题讲座中分享复旦和上海新闻界专家的研修成果。

市委宣传部领导在简短的开班仪式上，寄语重庆新闻人认真学习，学研结合，学有所获。本报派出一名副总编参加学习。

（原载《巴渝都市报》2009年11月10日）

消息短小精悍，简明扼要，是新闻报道最基本、最常用的文体，是一家媒体、一名记者日常新闻采写水准的体现。入职记者都是从写消息开始，写一条几百字的消息貌似不难，但要写好写精彩却非易事。

不屑写"棒棒消息"后，我力求每篇写出不同，在精选角度、去粗取精、字斟句酌上较劲，竭力做到游刃有余。能发现并写出独家消息，那就是高水平了。

进入报社,新鲜感过去后,我常常思考一个问题——为什么我们报纸登的稿子,与其他大报的稿子差别那么大?到底什么稿子才叫新闻?基层报纸,地域性强,采访范围有限,哪有那么多新闻可写?

把这个疑问抛给编辑老师,回答是要"吃透两头",意思是一头要掌握党委政府的宣传意图,一头要清楚基层状况,从中发现新闻线索和点子。

毕竟入行不久,听后似懂非懂,仍不明就里。多年历练后,我才深切体会到,"吃透两头"是基层媒体发现、采写新闻永不过时的秘籍。

老板投资种树　农民土地入股

涪陵速丰林建设新模式实现公司、农户双赢,过去"年年植树不见林"现象得到改变

本报讯(记者陈杨　冯蜀闽)"没想到,我们今年3月栽下的2000多亩小桉树苗现在已经长到了2至4米,再过五年就可以分红了。老板来投资种树,我们用土地入股,效果硬是不一样。"涪陵区南沱镇红碑村五社社长朱登荣指着漫山遍野长势喜人的尾巨桉兴奋地说。

12月下旬,记者随涪陵区林业局的专家对"公司(业主)+农户"的速生丰产林建设进行达标验收,最真切的感受是以前重栽轻管、小而全的建设模式带来的年年植树不见林的现象得到了改变。获得验收达标的重庆万峰林业公司总经理苏惊险说:"这是区政府对森林工程建设实行优惠扶持政策和规模化建设、集约化管理的结果。"

万峰公司今年新种桉树速生丰产林1.2万亩，全部采用"公司+农户"的模式，公司投入资金购树苗、出技术，统一规划，农户以土地入股，在整地、打窝、施肥、栽植、管护等环节获得劳务收入，成材销售后公司与农户按6∶4比例分成。不到一年时间，涪陵的"手机大王"苏惊险转身变成了"造林大户"。据估算，农民参与种树仅劳务收入每亩可获约400元，5年后可从采伐中每亩收入1600元。

据林业局专家黄征宇、赵昌良介绍，工商资本投资造林，每亩可获区政府补贴500元，这在库区各区县都算最高的。从2008年以来，已经有万峰、中俊、华茂等25家公司（业主）投资速丰林建设，面积达到了63020亩，占全区新造林的60%。

从现场验收的情况看，林种、树种、面积、位置、密度、株行距都达到规划要求。"公司+农户"的速丰林建设模式不仅巩固了退耕还林成果，提高了森林覆盖率，还减少和遏制了水土流失，固碳造氧的作用明显。

（原载《巴渝都市报》2009年12月30日9版）

重温这篇获中国地市报新闻奖（2009年度）一等奖作品的采写过程，我对如何"吃透两头"有了切身感受。

文中的老板是熟人，在一次闲聊中得知他到农村投资种树，采用的模式引起了我的兴趣。2008年十七届三中全会才通过《中共中央关于推进农村改革发展若干重大问题的决定》，三农工作被称为"全党工作的重中之重"。"公司+农户"模式，是农民增收的重要渠道，近年来被频繁提及，但新闻媒体报道此类典型不多。

有了这个大背景，眼前的题材所具有的价值和时代特点，就是我们常说的：小切口可反映大主题，小故事可透视大格局。

生活常态化，许多人和事司空见惯，难怪有记者抱怨"无新闻可写"。但其实不然，多留心、多观察、多思考，从中寻找规律，就能练就发现新闻的眼睛。

《人民日报》记者总结出基层找新闻的"五抓"，给人启迪——抓"常态"中的非常时机、工作重点；抓"常态"中的"非常态"；抓非常情况下采取的非常措施；抓平常工作中所做的看不见的成绩；抓平常人中的"不平常人"及"不平常事"。

但真正难以做到的是吃透"上头"，就是如何掌握宣传意图。"认识是行动的先导，理论是实践的指南。"同事、主任编辑蒋从容对此有到位的思考。

她在一次业务讲座中说，一是要学理论学政策，突出政治性、政策性，以提高政治鉴别力和舆论引导力；二是学专业知识、新知识和方法，与时俱进，注重知识积累，不断优化知识结构，梳理新观点、新提法，做有心人，收集整理重要文章以备查阅；三是学习法律法规，掌握党和国家的方针政策、地方工作部署，了解国事、地方事和民情；四是广泛阅读，积累知识，对自己不懂的内容必须先读懂搞懂，才有可能让读者看懂，对一些行业术语，不懂的要多问，问专业人士、问同事、问采访对象，查阅相关书籍、资料等。

这是真经！

招聘、培养练习生，是基层报业渴望后继有人的无奈之举，也是我们的幼儿园，成长才是我们的未来。

在报社待了40年，我感到人才缺少并没有得到缓解。来来往往的人多如过江之鲫，不要说担当重任，合格者都屈指可数。这是后话。

练习生的培训实习转眼结束。未来会怎样，谁也不知道。更没人料到，多年后，竟然有练习生任总编辑和副总编辑。

感慨万千的是，当年一起出发的 15 个青涩少年有些已消逝于历史尘烟中，有人罹患癌症英年早逝，有人奔走他乡死于非命，还有人杳然无迹，智商情商过人者另谋高就混得风生水起，坚守报业者区区 7 人，真可谓"善始者实繁，克终者盖寡"。

不只为了文凭

考进报社当练习生，全是高考名落孙山者。科学的春天刚刚到来，全社会流行"学好数理化，走遍天下都不怕"。对未能成功迈进象牙塔，练习生们私底下讲起感慨万千，但渴望拿文凭的心始终不变。

当时全社 200 多人，除印刷厂外，编采校 50 余人，办一张 4 开 4 版的《群众报》，有大学文凭者凤毛麟角，新闻专业科班出身者更是闻所未闻，编辑记者大多从中专、工矿、人民公社喜舞文弄墨者选调来。不少人的身份是"以工代干"，这个词现已消失，意为本人身份是工人或其他什么"员"，但岗位属干部或从事着干部工作。此现象在 20 世纪 80 年代初很普遍，算是一个独特的存在。

上大学的机会其实在入职后有过。机会到来的前因后果，作为一名不谙世事的新人不清楚，也没想让你搞清楚。总之是单位有了几个定向培养名额，考试后进西南师范大学（现西南大学）和四川大学的文科类专业学习。

但领导一句话，不让练习生参考！结果年龄大许多，已是骨干的三四名编辑记者考走了。练习生愤愤不平，无用。

事后细想，不让参考，是怕老同志考不赢失去机会，还是论资排辈？搁现在，年轻人怕是拂袖而去，愤而离职！当然只会换来一句，"太年轻，不懂事"。

但年轻的优势正是年轻。人生只要目标笃定，达到只是时间问题。

当时成人教育蔚然成风，电大、自考、函授、成人高考等等，想学想拿文凭，各类成人学校正等着你呢。

1985年9月，四川广播电视大学涪陵分校在报社开设新闻专业班，面向全社会招生。50余名来自社会各界的电大生开始上课。包括练习生在内，加上无文凭的年轻编辑记者，报社共26人齐聚一堂。

由于是半脱产学习，奇葩的一幕出现了。除少量课程到电大校园集中学习，大部分时间在报社设立教室，集中听老师的录音磁带。

也许是住在编辑部大楼后面宿舍，离教室近，方便，我莫名其妙地承担了一项特别的事务：每次上课时，负责将录音机提到教室，一盘磁带一盘磁带放。

冥冥之中，命运有所安排，从那时开始，我注定了一辈子做具体事，干别人不愿干的活，最终历练成了"业务型干部"！

磁带内容最多的是北师大老师的讲课，从现代文学到消息通讯写作，从汉语言文学到散文选讲……学得扎实的是《新闻采写经验谈——新华社记者训练班专题报告选集》，郑兴东等编著的《报纸编辑学》，周胜林、严硕勤的《中国新闻通讯选》，名记者田流的《我这样做记者》等书上的知识。

三年不脱产学习，大专文凭到手了。这也是涪陵电大创办几十年至今，唯一开办的新闻专业班。

当时改革开放不久，新闻学是不是一门独立学科，国内学术界存在很大争议，全日制大学只有人大、复旦、川大等屈指可数的院校招收新闻专业学生。三年系统的学习,专业课教材陈旧,我们对马克思主义新闻观有了皮毛了解,相反,基础课选材经典,《范文读本》《中国现代文学作品选》等教材全是近代或当代中国的名家名篇。最大收获是边学习边在岗位上实践编采,活学活用,是练习生培训时不可比拟的。

"混"到了文凭,就取得了勇往直前的基本资质,职称申报之类就顺理成章了。之所以叫"混",是后来人对成人教育教学越来越马虎,科学性差、考试弄虚作假的不屑和调侃。20世纪80年代电大学习考试的难度,不是后来者可同日而语的,有此经历者定会感同身受。

电大毕业当年,我取得了初级职称"助理编辑"。

留在武陵山的疤痕

1982年8月,乌江洪水来袭,川东南片区灾情严重。地处片区腹心地带的黔江县,已多年无记者站,报社决定派我和张波前往驻站采访。

出发前,总编室组织练习生学习《刘少奇对华北记者团的讲话》《记者守则》等,讲报道方向,提工作要求,强调纪律。王奕才、罗淑荣两位主任开诚布公,谈话大意是,派驻黔江,条件比其他县艰苦,但组织上是为了培养锻炼年轻人。

至此,两名练习生开始"单飞"。

川东南民间历来有谚语"养儿不用教,酉秀黔彭走一遭",指酉阳、秀山、黔江、彭水4个县,均地处连绵起伏的武陵山区,生存环境恶劣,交通不便,贫穷落后,让孩子往里走一趟便能体会何为贫苦、何为艰辛，就能懂事成人。

派两个稚气未脱的年轻人前往驻站，除了听话容易调遣外，是否与两人没有任何背景有关？不得而知。

乘班轮，晚上上船，凌晨三点半启航，沿乌江逆流而上，我们第二天下午4点到达彭水。黔江离彭水还有90多公里山区公路。经武隆县境内羊角滩时，航道险峻，需人工绞滩通过。绞滩站对上行船舶"拉一把"，早时靠人力，后有畜力拉、机械绞、电绞，如今航道经多次整治，绞滩一景已不复存在。

到达彭水县城后再也无法前行，洪水淹没或冲毁了前往黔江的道路，受阻10余天。我们赶到黔江城时，眼前景象至今难忘。

一条小河穿城而过，洪水退去后满大街污泥烂浆，不少地段淌着潺潺水流，杂物、垃圾遍地。天热，空气中弥漫着阵阵异味，除砖房外，大部分房屋倒塌或歪斜，人们表情沮丧、凝滞。洪灾考验着大山深处的黔江人。

从生产自救、灾后重建开始采访，我隐隐约约意识到，此行驻站，注定是一段不平凡的历程。

1996年第2期《新闻界》杂志刊发了我写的一篇回忆性文章，真实记录了在黔江驻站的经历——

在"好望角"采访的日子

《涪陵日报》陈扬

在我14年的新闻工作生涯中，最值得珍藏的一段记忆是在有"天府好望角"之称的黔江土家族苗族自治县驻县采访的日日夜夜。它彻底打破了我刚当记者时的新鲜感和对记者工作的浪漫看法，记者潇洒、名利双收全是表面的，实际上记者是一个异常艰苦的职业，需要从业者具有良好的身体素质和思想素质。

艰辛旅程

现在黔江地区下辖的5个县,原来都属涪陵地区。1982年6月,《涪陵日报》派刚参加工作半年的两个年轻人前往黔江县驻县采访,相当于现在的记者站,其中就有我。两个毛头小伙刚跨进新闻界大门,除晓得黔江有点远以外,其他一无所知,也就没有太多的想法,二话没说,买好船票就上了船。

从涪陵到黔江,是沿乌江逆水而行的。先达彭水,然后乘车到黔江,我们坐的是乌江上最先进的机动客船,四等舱有铺位。但船上的条件比长江上跑的客轮差远了,船小空间小,船上每个角落都或站或坐地挤满了人,装鸡装鸭装货的竹筐、背篓堆满了走廊,连舱内铺位前也放满了大包小包的行李,住上铺的我上下都绊手绊脚,极不方便。舱位的床单脏兮兮乱糟糟的,最难受的是汗味、烟味及家禽家畜味混杂弥漫在闷热狭小的船舱内,船开出不到半小时,我再也无法忍受,跑出舱外呼吸新鲜空气。就这样,船走了一天一夜才到达彭水。而到黔江,还有近100公里山区公路,长途公共汽车颠簸了6个小时。

在黔江待了一段时间后才知道,轮船算是最舒适的交通工具。黔江属川东南山区,大山连绵,险峻陡峭,交通不便,县里四大班子只有二三辆老式北京吉普,我们下乡采访近处步行,远处乘公共汽车。汽车常常在抬头望不到顶的陡峭山腰上盘旋上下,公路狭窄凹凸,有些路段的路面向悬崖外倾斜,车子急转弯转不过时,须几次倒车才能勉强通过。有一次从县城到石会区采访,翻越梅子关时,小雨绵绵,大雾笼罩,超载的汽车喘着粗气蜗牛似的依山爬行,可能是雾太大,能见度低,突然,迎面一辆三轮摩托车撞在了我们车的保险杆右侧,车上乘客一片惊叫声。我正好坐在右边的第一个位置,见此情景吓得一身冷汗。类似的旅途经历，在黔江采访时还有过几次，万幸的是每次虽都险象环生，但总算平安。

住院手术

在黔江驻县7个月，工作上靠自己摸索，边学边干。我们住县政府招待所，吃招待所食堂。那时候采访任务重且急，对我们刚入道的年轻人要求很严，常常是编辑部今天一个电话，明天就要稿子。因此，不得不白天乘车下乡采访，晚上写稿或整理笔记。刚开始干新闻活，经验少，学识水平又低，真有点"顶着碓窝唱戏，费力不讨好"的味道。一忙起来，不能按时吃饭是常有的事，再加上招待所每天每顿重复的饭菜，早已吃得我没有了食欲，驻县刚一个月，我的体重就从108斤下降到了102斤。

有一次我们在两河区采访两天后回到招待所，午饭后我就感到肚子隐隐作痛，开始以为是没吃早饭造成的，就忍着到县委办公室核实了几个数据，回招待所后感到越痛越厉害。下午4点左右我对同伴张波说："我受不了啰，送我上医院。"他赶紧找来家住县医院的通讯员冯学明，老冯曾是部队军医，在县爱卫会工作。他俩把我送进县医院。一检查是急性阑尾炎，手术后醒来我发现肚子上有两个刀口，问医生，回答说："阑尾已穿孔，再晚来半小时，后果不堪设想，两个口子便宜了你小记者。"住院半月，张波日夜相伴，还要兼顾采访，热心的冯学明和其任护士长的妻子也给了我无微不至的关怀，出院后我又投入了采访报道。

严寒难耐

第一次在黔江过冬，开始很感新鲜。一大早起来，全城一片银白色，几寸厚的大雪覆盖着茫茫大地，雪花不时飘飘扬扬洒落身上，少见雪天的我很是兴奋，连续两天都外出采访，看雪景。可是大雪天天下个不停，当地人又讲落雪天要持续两三个月时，我们才感到有点麻烦。因为一进入冬天，当地各单位办公室和每家每户都用一种铁桶式带烟筒的炉子烧煤取暖，且很少出户外活动。我们两个小伙子虽然住的是招待所最好的房间，但窗户上有几块玻璃早已没有了，寒风呼啸长驱直入，又没有烤火炉，再加上大雪封山，汽车无法通行，不大的招待所内只有我们两个旅客，冷清、寂寞、寒冷。最尴尬的是县城这唯一的招待所没有浴室，无法洗澡，我们两个人就到食堂烧了一锅热水，轮流提水"淋浴"，结果两人都感冒了。

大雪稍稍融化，可以坐车下乡了。我们来到马喇湖乡采访，乡政府领导见落雪天还有记者来，非常热情，午饭时间过了，乡长还滔滔不绝，待我们端起饭碗时，苞谷米掺和大米蒸熟的饭已成了硬邦邦的一坨。下午下村，没有人陪，我们两人在雪地山路上跋涉了三个多小时还没到目的地，走进农户家一问，才知道走错了路，此时的我只顾喘气，手脚冰凉，没有一句多余的话。眼看天色已晚，我们只好借宿农家，那一夜真不知是如何熬过来的。当地穷，农户没有多余的被条，我们两人背靠背和衣而眠，零下10多摄氏度的深夜，天寒地冻，根本就睡不着，两个人摆了一晚上的龙门阵。

黔江，史称"蛮夷之地"，历史沿革繁复，与湖北省咸丰、利川县相邻，与彭水、酉阳县接壤，县城位于川湘公路与川鄂公路交会点上，距成都1100多公里，素有川鄂咽喉之称。1983年11月，国务院批准，撤销黔江县，设立黔江土家族苗族自治县。

我们驻站黔江七个月，走遍了酉秀黔彭的山山水水，体会了初当记者的酸甜苦辣。正如文章最后一段所说：

地市报记者，活跃深入在社会生活的最基层。其间的苦与乐是大报记者没法比的。历时7个月的驻黔江县采访，尽管没有突出的成绩，却一直是我记者生涯中极生动的一堂实践课。

光阴荏苒，历史车轮向前，1988年黔江地区成立，划出原涪陵地区的石柱县、彭水县、黔江县、酉阳县、秀山县归属黔江地区。1997年6月重庆直辖市成立，这些县成了重庆下辖地，黔江县改设为黔江区。

川东南片区变为了渝东南片区，藏在深山的自然生态、历史文化、少数民族风情，厚重多姿，秀色可餐，渐渐为人熟识。

如今高速公路、铁路、机场一应俱全，旅游发展突飞猛进。黔江小南海、酉阳桃花源、彭水阿依河，已是游人如织。土家妹子覃诚芳的歌《幺妹住在十三寨》红遍全网，让"中国少数民族特色村寨"黔江土家原生态集居带展现在游人面前。

"养儿不用教，酉秀黔彭走一遭"成为历史记忆拼图中的一页。

第二章　笨鸟勤飞无垠天空

最是寻常却奇巧

时政新闻,是主流媒体的重要内容和独家资源,是公信力、权威性、影响力的体现,是任何媒体的刚需。绞尽脑汁、千方百计做好时政新闻是媒体的追求,更是各级党委机关报的职责。

国家网信办颁布的《互联网新闻信息服务管理规定》：新闻采编发布、转载服务的网站,通过应用程序、论坛、博客、微博、即时通信工具、搜索引擎等提供新闻相关服务的,必须取得互联网新闻信息服务许可。"互联网新闻信息",颁布机关回答,就是指时政类新闻信息。

此规定是 2005 年 9 月发布、2016 年修订的。它表明对管理层而言,时政新闻是有门槛的,不是谁都能随意而为。这就回答了在信息高度发达的当下商业媒体和自媒体为何使出浑身解数也要跻身做时政新闻行列的问题。

做时政报道记者,也不是每个人都有机会。有人干了一辈子未必写过一条时政新闻。一家正规媒体的记者,一般要经过记者岗位多年历练,政治素质、敬业精神、责任意识、业务能力过硬,经编委会反复斟酌才能选定为时政记者。

在职业生涯中,我曾做过 5 年时政记者,主要跑机关、跟领导,追踪影响全域政治、经济、社会发展的决策、项目、会展、活动等公共事务，以及突发事件，真切感受到了什么叫春江水暖鸭先知——

《我区几位地级党政领导干部辞去所兼经济实体职务》（《涪陵日报》1988年10月23日1版）

《鬼城庙会面面观》（《涪陵日报》1989年3月11日3版）

《涪陵人民广播电台　涪陵电视台明日正式开播》（《涪陵日报》1989年11月26日1版）

《沸腾的工地——816大化肥建设工地剪影》（《涪陵日报》1990年6月14日1版）

《副省长下井记》（《涪陵日报》1990年9月28日1版）

《雨中游涪城——街头大游乐游行队伍即景》（《涪陵日报》1991年4月21日1版）

《抓住时机上新台阶——评我区集贸市场建设》（《涪陵日报》1991年7月23日2版）

《地委书记做"红娘"》（《涪陵日报》1992年4月6日1版）

《在涪陵市建立桥南经济技术开发区》（《涪陵日报》1992年7月21日1版）

《我区20万残疾人有了家　地区残疾人联合会成立》（《涪陵日报》1993年6月26日1版）

这是1988至1993年间我采写的部分时政报道。在此期间，涪陵经历了两任地委书记，四大班子的会议和活动更是日常报道的内容，且大多在离报社旁边200米远的中山宾馆举行，记者们熟悉它的每个角落。此地俨然成了涪陵的"京西宾馆"。

1992年邓小平南方谈话后，涪陵时逢新地委书记到任不久，东风吹来满眼春，改革开放步伐明显加快。

通往融媒之路

◎ 如今的涪陵城　　　　　　　　　　　　　　　　　　　黄河　摄

地处繁华中山路的涪州宾馆，二楼由台湾老板投资，开起了小号版的类似澳门葡京酒店的娱乐场；地标性建筑乌江大厦内举办了"涪陵小姐"选拔大赛；中山路上的文化馆被"巴人火锅城"承租后重装即将开业。市民一时众说纷纭。

万花筒般的西洋镜，闻所未闻的新事物，不是小地方人少见多怪，而是社会变化太大。是有闻必录，还是围绕中心、服务大局，考验着时政记者的判断力。

不仅如此，时政记者岗位，磨炼意志，苦其心智，饿其体肤，不能按时吃饭是家常便饭。会议或活动结束，参与者任务完成，如释重负，进餐厅觥筹交错。而记者只是完成了前期采访，抓紧写稿发稿才是核心要义。

那时没有电脑，互联网未进入办公应用，下班时匆匆往办公室赶的人，多是时政记者。

最欣慰的是翻阅散发着油墨味的铅字时，所有的辛劳烟消云散。

《我国内河港口建设的重大突破 涪陵大水位差码头发挥效益》被《人民日报·海外版》刊用，《武隆县首创"北羊南移"新法》被新华社采用……那种"妙手著文章"的自我成就感和职业理想实现感，非亲历者所能体会。

时政新闻是关于党和政府的方针政策、领导活动、决策部署、举措、成效等内容的报道，有极鲜明的政治色彩。

"做业务精湛的新闻工作者"，对时政记者而言，尤其切中要害！

时政新闻比其他新闻更讲时、度、效，更讲宣传艺术。时、度、效，是新闻宣传的基本原则，是时政报道必须把握的关键。

"时"，指时效，除传统意义上的速度外，更核心的是把握好什么时候发。尤其对敏感事件、突发事件的反应，既不失语又不缺位，还要赢得主动权和话语权；"度"，指尺度，客观真实，不能"低级红""高级黑"，以团结、稳定、鼓劲为价值取向，不能过度渲染、夸大歪曲；"效"，指效果，效果只能预判，但对办报水平和编采能力提出了要求，有偿新闻、有偿不闻，甚至新闻敲诈勒索、道听途说、博人眼球、散布谣言是大忌，是不能突破的底线。

记者身在其中，不得有丝毫闪失。曾记得，刚进入新世纪，重庆市首届农民运动会在涪陵新落成的体育场举行，万人空巷，气势非凡。开幕式由本报一名体育报道记者采写，谁知第二天稿子见报，重大差错发生，将"市委副书记、市长"写成了"市委书记、市长"，确实让人莫名惊诧，典型的张冠李戴，低级错误。

更正、谈话、检讨、经济处罚，一样不少，此君不能再担任记者。

事后调查原因，原来是记者刚使用电脑写稿不久，手误才酿成此错。

如此重责，对错不论。但它警示，做时政报道不能有"差不多""大概"意识。事实要准确不出错，话语体系更要全面、规范、严谨。领导职务、头衔必须准确无误，调研？视察？考察？参加？陪同？一同？出席？上午？下午？要一清二楚，容不得含糊其词。

总原则是，不求出彩，绝不能出错，尤其是不能犯低级错误。这是时政新闻的原则和底线！

"会议没有不隆重的，闭幕没有不胜利的，讲话没有不重要的，鼓掌没有不热烈的，领导没有不重视的，看望没有不亲切的，接见没有不亲自的，进展没有不顺利的，完成没有不圆满的，成就没有不巨大的……"

对时政新闻话语体系的戏谑和调侃，从另一角度说明，熟悉采写套路和报道定式,应是起码的基本功。

只按套路干活,不追求出新出彩?回答是否定的。

思路决定出路,细节决定成败。业界资深记者贡献秘方,指出努力方向——写给谁看?想清楚,树立读者意识,换位思考,写受众欲知而未知的内容,就能找准报道切入点。

文件袋中装些啥?

陈杨

想到今天(1月13日)是一年一度的政协全委会报到日,作为媒体人,我不顾值夜班后的疲倦,振作精神来到政协机关大厅报到。照例签名,领参会文件袋。文件袋与往年一样,蓝色、帆布、简朴。与往年不同的是今年的文件袋要重得多,装的啥呢?

细翻,真是丰富多彩。从会议指南、参会人员名单到政协常委会工作报告、提案工作报告、会议议程(草案),一应俱全。大会发言材料16份,要参加旁听的人代会相关材料5份。开会需用的笔记本、笔、出席证、签到卡,均收入袋中。上次全委会以来的"提案综录"上,你可以很容易地找到自己的提案办理结果。

尤其让人感慨的是,"会场座位示意图"和"分组讨论地点示意图",可以让任何一名委员一目了然地找到自己的位置。会议筹备细致周到得让人动容。最别有洞天的是,袋内居然有一本大16开厚达388页的《涪陵年鉴(2008)》,重量的秘密就在这里!

发一本年鉴,我理解为是让以参政议政、建言献策为己任的政协委员了解涪陵基情,更好地履行使命。

(原载《巴渝都市报》2009年1月14日2版)

这是我参加一年一度政协全委会报到后写的一篇手记，就是从读者角度力求出新思考的结果。

宣传政策、指导工作，是时政新闻的主要功能，但千万不能忽视新闻规律，牢记不是写简报，是写面向大众的报道。要从领导讲话和材料中提炼让人感兴趣、有价值的事。采访思路上既要重"人"，更要重"事"，找寻事情的关联性，从系统和全局观点看问题，很多有价值的新闻就会被发现。

1990年4月，重庆经济协作区第三届市长专员联席会在涪陵召开，仿佛有现成渝联动打造双城经济圈的影子。地委书记在会上介绍了涪陵有水能、矿藏、经济作物、畜禽渔业、林业、旅游六大资源优势，但内容不详细，会后我马上深入采访，写出《涪陵地区资源丰富，开发利用潜力巨大》，在头版头条刊发。一条会上获取的线索，用新闻报道系统地推介了本地的资源优势，价值不言而喻。

文无定法。看文先看题，同样适用时政报道。让标题"动"起来，少用形容词，多用动词；让导语"活"起来，少用传统的"综述式"，用"描写式""问答式""悬念式"，从读者视角写导语，把最关注的内容提炼到导语中；让语言"俗"起来，说人话，"表达通俗方传远"。

这些都是写好时政新闻要学会的。

2009年游学复旦大学新闻学院时，教授传道授业——将时政报道"内容平民化、叙述故事化、语言通俗化"；让"新闻事件化、时间故事化、故事情节化、情节细节化"；将专业、高深、学术化的时政新闻，"翻译"成老百姓看得懂的语言，避免"阅读伤害"。

这是高境界。但牢固树立受众意识，始终站在普通人角度找问题、看问题、分析问题，坚持走基层、转作风、改文风，把宣传报道做成新闻，远离"远、浅、硬"，不无道理。我有一篇写心得体会的文章——

和老百姓侃大山　用"土话"写新闻

找源头　和老百姓多聊聊

一名基层新闻工作者，"写什么"是每天都必须考虑的问题。毕竟就这么大的地方，如何在有限的范围内寻找无限的素材？答案其实很简单——下基层，从老百姓身边找起。

然而，与其他媒体不同的是，我们的走基层其实并不需要走多远，甚至只需一个回头便可完成。作为最基层媒体，我们身边的亲戚、朋友包括我们自己，实际上都代表着一部分基层老百姓。因此，下企业、逛社区、进乡村，与干部群众多聊聊天，回家后再稍作梳理，你会发现你所想要的新闻其实都在他们的言语间。

今年3月7日本报《巴渝故事》栏目刊发的长篇通讯《10岁女孩独自照顾瘫痪妈妈》，线索是记者从一次闲聊中获得的。当时，记者前往本报走、转、改的联系点涪陵区青羊镇采访，空隙时与当地的一位村民大哥摆起了龙门阵，他无意间说起10岁女孩魏诗语的故事，记者马上意识到这名女孩的故事很有新闻价值。通讯刊发后，在社会上引起强烈反响，区关工委、残联、各界人士前往慰问，关工委还将魏诗语树为全区青少年革命传统教育典型人物，对她不畏艰难、坚忍不拔地独自撑起一个家的事迹在全区进行巡回宣讲。深圳电视台《饭没了秀》栏目还专程前来制作节目。

走基层并不仅仅是地理坐标概念，只要有群众在的地方，便都是基层。2011年以来,《巴渝都市报》刊载的新年农家刨猪宴、被"潜规则"的驾校学员们、坐飞机回乡参加入党宣誓的80后、承包荒山的独腿女杨安容、街边乞讨的"小乞丐"、住进巴渝新居的村民们……一个个鲜活的事例、个性鲜明的人物都成为我们"走、转、改"的采访题材。

多体验 主观感受也会加分

作为最基层媒体,在宣传贯彻党的大政方针和重要决策,关注影响大局的重大事件的同时,也要把最基层的声音和最真实的情况反映出来,切实起到"上传下达、下传上达"的纽带作用。

俗话说读万卷书不如行万里路,有时即使采访对象介绍得再详细,描述得再生动,也不如自己亲身体验后写出的稿子精彩动人。

记者在采写"三进三同"稿件《大山里的脚印》时,跟随当地一名驻村干部张书锋一起,给村民捎去招工信息、劝导农户修路、帮危房户算经济账、帮忙干农活……全程体验了驻村干部的一天,在随后的稿子中也从第一人称"我"的视角出发,通过自己的体验感受来呈现一个驻村干部的辛苦和不易。与单纯通过采访完成的稿件相比,这种加入了主观感受的报道反而会显得更加客观,同时也更具说服力和感染力。

亲身体验除了使采访素材更鲜活、更充实之外,它也能让随后的采访进行得更顺利,更深入。通过体验,被采访对象潜意识里已与你拉近了距离,不拿你当外人,这样一来他的话匣子就能打开,你的素材也就更加真实、丰富。

说到底体验不过是用心去看,既然是看,那始终只能停于表面,我们永远看不出被采访对象的过去和未来,看不出他们的内心真实想法。因此,体验之余还要通过海阔天空的闲聊,才能还原出真实的他们。所以，变采访为"体验+采访"，通过无数的小细节和小故事来填充稿件，你的文字才有看头，你的稿件才有说服力。

找共鸣 多用群众语言

一篇新闻稿件，只有以人为主题，才易引发共鸣，以不同的人为主题，才能引发不同群体共鸣，从而增加受众面。因此，本报在大部分基层新闻稿件写作中，尤其注意用以人带事的方法进行采写，这样更能打动读者，更容易引导他们主动走进新闻中。

既然以人带事，那这个"人"一定要令读者感觉亲近，用群众语言（即土话、口语）写新闻，来拉近所写的"人"和读者的距离，是本报改文风的最有效的方法之一。传说唐代伟大的诗人和文学家白居易每写完一首诗，总先念给不识字的老太太听，如果有听不懂的地方，他就修改，一直到能够使她听懂为止，说的就是这个道理。

多运用群众的语言，也就是"土话"来写新闻，可以令人感觉更亲切、亲近和轻松。因此，写作中最大限度呈现群众的原话，所产生的效果往往是意想不到的。

稿件《农家喜办刨猪宴 老少细数民生事》中，便多次运用"刨猪宴""对头""啥子""硬是"等字眼，相较于书面用语而言，这样的"土话"既能准确表达意思，让老百姓容易理解，同时又给人以莫名的亲切感，进而拉近与读者之间的距离，引发共鸣。

此外，在以人带事的稿件采写中，尤其不要一味地唱赞歌，塑造高大全形象，适当的瑕疵反而会让你的人物更丰满、稿件更真实可信。群众的眼睛是雪亮的，对于一个会犯错的人，他们会觉得真实，愿意为之感动，而对于一个塑造出来的完美的人，他们只会不断质疑，不断挑刺，会认为那不可信不可敬。

走基层　建立长效机制

"走、转、改"不是一项运动，而应是一种常态，是作为一名新闻工作者所应有的对待新闻的基本态度。

为了贯彻落实中央关于新形势下群众工作的部署和在新闻战线中加强群众路线教育的指示精神，进一步强化记者、编辑的群众观点，树立全社新闻工作者良好形象，《巴渝都市报》专门成立了"走基层、转作风、改文风"活动领导小组，并在青羊镇建立了基层联系点，社领导带头，组织记者、编辑广泛开展蹲点调研活动。在采访和调研中，尤其着重了解群众生产生活中的新情况和新变化。要求记者每周要有3至5篇、编辑每月有1篇来自基层的报道。

同时，《巴渝都市报》、巴渝传媒网在重要版面、重要页面开设"走基层、转作风、改文风"面向基层、服务群众的专题或专栏，将这类专题和专栏当成品牌打造，持续推出记者深入基层、深入一线的报道。

为了进一步提高编采人员的积极性和促使走、转、改常态化，报社将"走、转、改"活动情况纳入年度综合考核体系。将下基层采访的情况作为编辑记者业务考核的重要内容，对业绩突出的，年底给予奖励，在职称评定、提拔任用方面予以倾斜。新闻奖的推评也重点向深入基层、扎实采访的编辑记者和稿件倾斜。通过建立完善考评、奖励制度，鼓励和引导更多编辑记者深入基层、走进群众，切实转变作风、改进文风。

（作者陈杨　李彦欧　原载《重庆新闻界》2012年第3期）

真正的勤勉，从来不是盲目地忙，而是时时有所思考，事事做到极致，处处有所精进。

会议报道，是时政记者的日常作业。如何从会议中找寻有价值的新闻，考验"眼力"和"脑力"，是有新闻理想的记者始终想解答的难题。

最是寻常却奇巧，如何让几乎天天泡在会议中的时政记者，众里寻他千百度，发现灯火阑珊处的新闻呢？

寻找采访技巧前，要先搞清楚会议是什么，记者与会议是一种怎样的关系。

"会议是中国政治经济生活最基本的表达方式之一。""记者是最大限度地获取中国政治经济生活中最重大、最敏感、最有变化的信息并奉献给读者的人。"中国新闻社原总编辑王晓晖的文章《会里有千秋》对此诠释得非常到位。

她说："记者对会议有着最天然的需求和最基本的联系。"采访会议"是被采访单位以会议的形式为你间接地展示广泛的政治、经济与学术信息，是被采访单位为你召集好多位在你需要的领域有专长的人。他们在相对长的一段时间里，待在一个相对集中的地方，营造出一个巨大的新闻场。"

换言之，会议是新闻提供商、线索来源地、报道点子库。

记者参会，程序性地围绕会议主题发一条消息，算及格。不坐等布置作业，深研细读材料，调动过往积累，一定会有新发现，多发稿子自然水到渠成。

我参加"2001年肥胖问题论坛"采访，这是一个由中华医学会主办的专业性非常强的会议，没抱多出新闻的期望。但减肥是一个社会关注度高的话题，会议材料视角多样，与会者解读明白晓畅，我除发了一条会议消息外，接连发出《太极"航母"加速驶向海外》《为药企减肥药说句公道话》等文图稿4篇。

"会里有千秋，功夫在诗外。不是没有发生，而是没有发现。

心里有，眼睛才有发现。"

20世纪90年代初，我跟一位资深编辑楚晓平参加四川省在南川县召开的安全生产现场会。一位中年男人，后知是南川县县长魏长述，在会议开始前，他笑容可掬地拿着一瓶当地企业的饮料新产品向大家作介绍，我当是小插曲，完全无感。待《涪陵日报》的《现场目击记》栏目刊发《他是谁》后，才见识了一位资深记者"心里有，眼睛才有发现"的真功。

吃一堑，长一智。后在地委扩大会、重庆经协区市长专员联席会上，我根据会议中只言片语，会后深入采访，相继发出了《我区对外开放有大动作　在涪陵市建立桥南经济技术开发区》《涪陵地区资源丰富，开发利用潜力很大》，将功夫体现在会外。

确实有不少会议参加者感到与己关系不紧，百无聊赖，但记者一定不要马上离开。复制粘贴材料可以完成稿子，甚至通稿已为你准备妥当，但大新闻可能就在你走后上演。

一个菜农培训会，会场设在一个村，规模小，我走马观花后准备打道回府。但培训了一周的菜农居然要接受考试，新鲜！《老菜农应考背后　涪陵榨菜"求变"》，《重庆日报·农村版》在《农事》版头条刊发。

如今的许多会议，不只是坐着开，现场会、展览会、通气会、发布会……形式多样，信息丰富。各个环节、流程一定要坚持走完看完，遇年度"两会"或涉及全局的重大会议，会前要提前介入准备。

《地委书记做"红娘"》是春交会开幕前随领导看望外地客商现场采写；《谁持彩练当空舞》是庙会期间，行走在大街上被高楼大厦上迎风招展的广告条幅吸引所写；参加年度政协大会，报到前写就《参训，受益匪浅》《文件袋中装些啥？》，都是踏破铁鞋无觅处，得来全不费功夫之作。

一次年初经济工作会上，确定年度经济增速14%。抽象的指标，普通人不知何物。我采访街头擦鞋的、小摊贩、下岗工人，写出《14%与我们有何关系？》，解释GDP，说明经济增速与老百姓的利害关系，结论"发展才是硬道理"。

　　此稿提醒，采写会议新闻有一个容易忽视的环节——"翻译"。记者一定要想方设法先搞懂数据、专业名词、术语等，下笔时切忌故作高深，要通俗易懂，甚至打比喻，如看后疑问丛丛，感觉与己无关，那是失败的报道。

　　"倾听的耐心和发现的慧眼"，是采访会议新闻的必备素养，非一日之功，但若心已至，目标达成指日可待！

　　时政报道，是我从业几十年持续不断关注研究的选项，更是新闻从业者的"规定动作"和"必答题"，之所以容易出现"宣传味浓""看题不看文"，甚而沦为"谁写谁看，写谁谁看"的尴尬境地，首先是媒体和媒体人需要自我反思——是否真正用心用情用力探索了创新路径？

　　采写时政报道，培养了我的责任意识、敬业精神、吃苦精神，养成了严谨、细心、守时的工作作风，数十年来受益匪浅。

三峡行

　　生长在长江边的人都知道，夏季江水上涨，大江奔流，景象蔚为壮观，遇洪水咆哮，两岸会忙于抗洪。但三峡大坝竣工后，库区成了大水库，没有了滔天洪水，夏天也不再忙于救灾。

　　颠覆印象的是，秋冬枯水季节江水反而上涨，江面碧绿，平静如镜。

临近库尾的涪陵，长江段有 70 余公里，秋冬季蓄水至 175 米后，江面成平湖，江景美轮美奂。库区媒体每年都不惜版面和时段给予报道。这是三峡工程竣工后库区的新景象。

蓄水供发电之用。

宏伟的三峡工程，涉及城市集镇迁建、工矿企业搬迁、各类房屋复建、文物保护、生态环境保护、库底清理、地质灾害防治、高切坡防护等众多项目，千头万绪。但专家组意见，工程成败在移民！

移民涉及湖北省、重庆市 19 个区县和重庆主城区，共需搬迁安置城乡移民 131 万余人。此等规模，在世界水利建设史上绝无仅有。

1992 年 4 月初全国人大投票决策工程上马前，作为最基层报社记者，未曾想有两次机会沿江而下，从重庆主城到湖北宜昌，我参加了对库区的全程采访。

三峡库区地处四川盆地与长江中下游平原接合部，跨越川东岭谷地带及鄂中山区峡谷，北屏大巴山、南依川鄂高原。

兴建三峡工程、治理长江水患，是中华民族的百年梦想。1919 年，孙中山先生提出开发三峡的宏伟设想。新中国成立后，毛泽东等历届党和国家领导人高度重视和关心三峡工程论证工作。

三峡工程，梦想 70 年，论证 40 年，争论 30 年。新中国成立后，1958 年"成都会议"提出工程议题，但一直悬而未决。20 世纪 80 年代中期，再被高层提及，至 20 世纪 90 年代初，上马工程的声音越来越响亮。官员、专家、媒体纷纷前往三峡实地考察、采访。

1991 年 6 月，中央宣传部新闻局领导带队，首都 22 家新闻机构的社长、总编组成考察团来库区考察。未料到，乘坐的"天鹅"号专轮,由我们涪陵轮船公司建造,是当时川江上少有的豪华游轮,4月份首航时,我采写了消息《"天鹅"展翅 首"飞"丰都》。

从重庆出发沿江而下,考察团抵达涪陵后,作为本地记者,我跟随本报总编辑刘顺福加入了考察团。

三峡工程即将上马,街谈巷议,热度烫人。上月刚采写了《三峡工程审委会专家组来我区考察》《我区移民试点工作初见成效》,迅即又迎来同行。"三峡热"由此可见。

老总们在涪陵现场考察了插旗山果园、乌江大桥、三环路、榨菜精加工厂,下行到达丰都。事毕,我以为完成了"境内"采访任务,可以打道回府了。谁知总编告知,我们将随团继续行至目的地湖北省宜昌。听到这个消息,我顿时慌神,什么都未准备,甚至换洗衣物都未带。

毫无疑问,仓促上阵的结果,第一次库区行完败。在沿江每个县、每个点见闻不少,资料收集了厚厚一沓,但题材重大敏感,如何确定报道基调,以什么形式在一家地方报刊发,拿不定主意,一路上老总也未能给出意见。

6天时间库区行,只刊发了一条考察团来涪陵考察的消息。按指令写了一条《为了宣传三峡工程的使者们》,将笔触聚焦同行们的考察表现,这是读者关心的吗?新闻价值多大?

三峡工程,妥妥的重大新闻题材,一生难遇。身在库区,现场采访,却白白浪费了,沮丧遗憾自不待言。机不可失,失不再来。考察结束,我思考良久——一个区域性的地方媒体,报纸发行范围、报道题材主要在本地,面对全国性的大事件,社会关注度高的热点,怎样才能有所作为?

固有观念和实操中,地方媒体对全国大事件、社会热点,要么等上级指令,要么采用新华社通稿,循规蹈矩。对做落地报道总有距离感，存在畏难情绪，到不了现场，不了解背景，力不从心。有创新意识和能力且胆大者，会尝试做与本地相关的衍生报道，但那时，如此成就者凤毛麟角。

意料之外，机会又来了。第二年3月中旬，全国晚报协会组织三峡工程采访活动，由重庆晚报社具体承办。库区当时有涪陵日报社、万州日报社、宜昌日报社三家报社，只有涪陵日报社派我和张波参团。

溯江而上，到主城晚报社集合报到，采访团成立。来自全国各地的记者们，摩拳擦掌，三峡库区吸引力爆棚。

第一站采访九龙坡港，它是长江上游水陆联运货物中转港、重庆外贸主要口岸。车上，市三峡办负责人介绍了重庆对上马三峡工程的态度和忧虑。

"从全局出发，重庆赞成工程上马。"这不仅仅是表态，更是发展机遇。工程建成，大吨位船队可直达重庆，运输成本降低，移民试点成效初显，移民工作机构早已开始运行。

但作为长江上游重镇，地处库尾末端，属回水变动区，针对港航作业、环境污染、给排水系统、消落带治理、泥沙淤积等诸多问题，在工程的有关材料中看不到涉及重庆的论述和对策。自己不愁谁愁？

更让山城人焦虑的是，据信，即将开幕的全国人代会将对工程是否上马投票决策，时不我待。

晚报是当时全国各地发行量最大的纸媒，传播力无可比拟。重庆，无疑是库区分量最重的城市。三峡办负责人在车上的滔滔不绝，望传递重庆声音的拳拳之心，让人动容，其小心思也让人莞尔一笑。

我和张波商议后，决定写重庆对工程的态度，撰写了《三峡工程重庆力主快上　地处库尾山城喜忧参半》。稿件发出后，却迟迟未见报，编辑部也未有任何反馈。我们满腹疑惑。

那时没有"策划"一说，事前全由自己准备。临行前请示领导，指示语焉不详，只说据采访情况和稿子再决定如何刊载。但有一点双方是一致的，题材重大，读者关注度高，采写发稿要及时。

年轻记者，想法简单，心想人微言轻，对稿子未用听之任之，缺乏主动沟通和据理力争精神。

随团采访继续。

作为库区报纸，接近性强，本地读者想了解库区全貌和"邻居"移民进展。采访团在每个县都要下船。我们两人决定，每采访一地，写稿至少一篇，形成系列报道。

修道路　涪陵先行一步
效益好　国务委员赞扬

从重庆到涪陵，沿途还未曾见有地方专修移民公路。涪陵市新建的城市主干道三环路是第一条。

这条路紧靠城南边缘，东起乌江大桥，西接涪南路鹅颈关，全长7.5公里。采访团冒雨驱车跑完全程，浇铸了混凝土的中段3公里路面，宽敞、平坦，人车各行其道。"大城市的道路也不过如此。"同车的市移民局的同志听有记者赞扬，马上热情介绍：它是为贯彻开发性移民方针，城市迁建"三通一平"先行的精神，按城市迁建选址规划要求，照二级公路标准设计修建的。概算投资2434万元，1985年8月动工到现在，已投入1456万元，其中移民试点资金300万元，地方自筹1156万元。对涪陵自力更生、积极主动兴建新城区道路的行为，国务委员陈俊生在今年2月全国移民试点工作会上给予了高度评价。

话音刚落,有记者发问:"三环路到底发挥了哪些作用?"在烈士纪念塔前的路段上,下车参观的记者聚精会神地听解答。

三峡工程175米方案,将直接淹没涪陵城人口2.4万多,工厂几十个,主要街道中山路也不能幸免。三环路的开通,开发了2.5平方公里的城市建设用地。已规划的3个移民迁建开发区,绝大部分工厂、单位、居民都安排在三环路两侧。可安置的城市移民3万余人,工厂20个。这样,基本上解决了城市迁建、工厂搬迁所需的建设用地,为城市总体规划的"后靠东移"奠定了可靠基础。

实际上,在三环路开通后,就已有单位搬迁来路两侧。现已建成的房屋达30万平方米,包括引进外资兴建的市包装装潢彩印厂在内的工厂4家。总投资在9000万元以上,按建筑面积一半下库建设计算,三环路的直接经济效益是4500万元。不仅如此,三环路的兴建,为城市配套设施建设创造了一个良好的投资环境,吸引了大量资金,减轻了旧城区的环境污染和噪音。(本报记者 张波 陈扬)

(原载《涪陵日报》1992年3月28日1版)

这是我们到达本报地盘涪陵后采写的稿件,熟悉、亲切,驾轻就熟。

城内如此,农村如何呢?采访团首次走进乡镇。在长江边的珍溪镇开发性移民果园,只见齐胸高的脐橙、锦橙树枝繁叶茂,满山遍野。果农洪文礼说:"开始担心土地被淹后不晓得啷个办,果园搞起心里踏实得多。"

越走才越明白，库区两岸种柑橘，已成为移民"就地后靠"后主要的脱贫致富项目，是开发性移民方针在农村最有效的体现。我们有3篇报道都涉及移民种柑橘。如今"奉节脐橙""秭归脐橙"已是响当当的库区品牌。

狭窄光滑的青石板小街，古朴的清一色穿斗木房，一个紧挨一个的摊点铺面，显露出洋渡镇的繁荣。居民说："以前吃水要到长江边担，如请人5分钱一挑，后涨到3角。"这里是忠县、石柱、丰都三县边界的物资集散水陆码头，曾隶属丰都楠竹乡，1953年后划归忠县。

洋渡镇高程在162米以下，属全迁淹没场镇。新址就地后靠，比旧址大一半。我们到达时，困扰搬迁的水、电已解决，居民们不用再到长江边挑水吃，新镇主干道修建资金已筹集到位。

三峡行，我们共采写系列报道20篇，涉及城市集镇迁建、企业搬迁、文物保护、景观变迁、防洪效益、坝址选择等题材。编辑部在一版开辟专栏《三峡库区行》连载。

围绕同一新闻主题从不同侧面、不同角度，多层次、多篇组成的库区行系列报道，题材重大，内容广而不散，信息量大，满足了本地读者的知晓欲。这是本报参与全国重大新闻报道的成功实践，是《涪陵日报》继1990年"千里乌江行"系列报道后的又一力作。直到2005年报纸改为《巴渝都市报》，类似的系列报道再没出现。

戏剧性的是，报道连载到第4篇时，有一家浙江扎根涪陵的企业"泉陵"要求赞助栏目，双赢的事，何乐而不为！报道影响力由此可见，也说明报企双方广告意识的觉醒。

"一个人使劲踮起脚尖靠近太阳的时候，全世界都挡不住他的阳光。"树立信心，不惧挑战，充分准备，与各路记者同场竞技，地方媒体在全国性重大新闻发生时一样可以有所作为！

3月底到达采访终点宜昌时，七届全国人大五次会议正审议李鹏总理提交的《国务院关于提请审议兴建长江三峡工程的议案》。4月3日，投票结果出来，1767票赞成，177票反对，664票弃权，25名代表未按表决器。赞成票占全部票数的67.1%，超过半数。

15时21分，全国人大常委会委员长万里庄严宣布：《关于兴建长江三峡工程的决议》通过！

新华社当天的报道中这样写道：

掌声里，许多人流下了激动的泪水。

掌声里，人们知道，在共和国年轻的历程里，她的最高权力机关专门对某项建设工程作出决策，这是第一次。它意味着一个中国人做了70年的梦会在不远的将来成为现实。

投赞成票的，投反对票的，投弃权票的，包括未按表决器的，都在这神圣的殿堂里表示了自己的意见，他们都有一颗中国心，都是对国家、对民族、对历史负责的。

此次采访结束后，我被《中国三峡工程报》聘为特约记者数年。

如今，三峡库区已是一座长600公里，最宽处达2000米，面积10000平方公里，水面平静、风光旖旎的峡谷型巨型水库。

最快的脚步是坚持

2021年夏天，酷热难耐。

编委会策划了"走进乡村看小康"大型主题报道。年过半百的我，带队前往最偏远的大顺乡，穿行田埂林下，挥汗如雨，采访涪陵区唯一获"全国脱贫攻坚先进集体"的新兴村,执笔写出整版报道《"三变"圆梦——探寻新兴村的小康之路》。

我一直相信优秀不是别人逼出来的,而是自己和自己死磕!

《涪陵日报》2005年3月改名《巴渝都市报》。我之前当编辑、部门负责人,完成本职工作的同时,始终坚持勤动笔,不当甩手掌柜。改名后,我长期主持编委会日常工作,更不当"新闻官"——竭力推动,凡年度策划报道或大型主题报道,编委会成员、业务部门负责人分工带头采写,形成制度,一直坚持至今。

从业媒体,同纯粹的机关工作不可同日而语,机关工作按部就班,今天未完成明天继续。报纸出版,我常比喻像工厂流水线出产品,一刻不能停歇,有时是分秒必争。

我任副总编后,分管采编业务,值夜班审稿,名义上第二天可以晚到,但文山会海和繁杂的事务性工作,让我天天忙得连喘口气的时间都没有。日复一日,不身临其境难解个中滋味。

无论春夏秋冬,无论多么繁忙,甚或出差在外,下乡扶贫帮扶,我都千方百计,坚持脚力、眼力、脑力、笔力不息,心怀写作,笔耕不辍,年年有作品问世:《奥运前夕感受北京》《红色预警中的96天——涪陵抗击百年不遇旱魔纪事》《农户万元增收路在脚下——"增福土鸡"走市场的启示》《新型小城镇建设的探索样本——清溪镇掠影》《望仙 一个涪陵品牌的光荣与梦想》《前进村 绝不"蹲墙根晒太阳 等别人送小康"》《涪陵山水画卷之 崇义街道 宜居宜业宜游的绿色家园》《一位涪陵人在孟加拉国的301天》等,其中多篇作品或获新闻奖,或在报刊上发表。

乐道村,坐落在林海莽莽的武陵山深处,是白涛街道偏远的一个高山村。2010年夏季,闷热的桑拿天,我随区委宣传部"三进三同"工作队来到这里,与农民同吃同住同劳动。

夜宿农家，两人一张床还不够，有人睡在沙发上，有人睡在车上。看望"亲戚"，学挖洋芋，促膝座谈，拉家常话村事。

"基层是沃土，百姓是老师"，零距离一周，我写出了长篇通讯《与乐道村零距离——互相帮扶记》，获年度重庆新闻奖。

职业自己选定，你有多大成色，社会才会给你多大脸色。在我漫长的新闻人生中，专职记者，在一线采访时间并不长，前后相加不超过 6 年。但这并不妨碍我坚持记录和写作，编辑之余、有兴之时、周末节假日，办公室的灯常常是大楼夜晚少有亮着的之一。

重大报道、值班手记、策划总结、执行心得、个人日记，我都有涉及。我不会打麻将，不喜钓鱼，但写作成了爱好，成了一种习惯、一种态度。

宛如蜜蜂采花酿蜜，不曾停，不惧累，不知疲倦，不然岂不愧对媒体人称号？

粗略统计，仅 2005 年以来，我在烦琐的管理工作之余，写作 50 余万字，发表业务文章和新闻类论文 21 篇。

但实话实说，我在新闻从业道路上也不是没有过动摇。

20 世纪 90 年代上半期，全民经商，闯深圳，下海南，同时进报社的同事或跳槽国企拿高薪，或进影响力爆棚的大报，胆大者的第二职业经营得风生水起。

自己工作了十四五年，除了勤勤恳恳、兢兢业业爬格子，其余一事无成。有性格使然，更主要的是懒得去钻营。

"心若不动，风又奈何！"坚守新闻业，成了自己不变的理想。

有句话说得好：机遇垂青有准备的人。进入二十一世纪后，处级领导干部选拔流行公开招考。笔试、面试、政审、体检、考察、公示，我一路过关斩将，被任命为分管编采业务的副总编辑，一干就是 18 年。

以前，我总是浅薄地以为，态度端正，兢兢业业，工作能力强，不拉关系，不混圈子，自然会被赏识。很不屑阿谀奉承、大话连篇、请客送礼之人。

公开选任，是我这类人唯一的机会。不抱怨，不牢骚，坚守初心，埋头苦干，笔耕不停，新闻事业总是需要这样一部分人。

之后，升迁路上更显魔幻。我一次一次被列入后备干部，一次一次民测名列前茅，但终究未得到"关键一票"的青睐。

排排坐，吃果果，轮到了，果果没有了。找谁要去？！

专注笔头，"不疯魔，不成活"，是采访"涪州川剧"大师孙宗燊说的话。对此，我感触颇深。

长年累月伏案，有三年我腰部严重不适，检查结果为腰椎间盘突出，长期按摩推拿，盲人按摩师成了朋友。

一周的夜班后，腰部又痛得无法伸直，一检查，慢性胆囊炎伴结石，拖到端午节放三天小长假，手术摘除了胆囊，取出胡豆大的结石一颗，坚硬无比。假期结束，我斜着身子在办公桌前修改稿子，总编辑路过关心地责怪："不要命了呀？"

醉心于编采工作，是责任，更是职业理想。"人，是要有一点精神的。"

正是有这样的专注精神，日积月累，我办公桌上、书柜里，堆满了报纸、资料、文件夹、采访本。

正是有这样的积累和沉淀，自己在写作时能做到信手拈来，鲜有差错。

坚持，用心，不敷衍、不糊弄、不走形式，锻炼了写作能力，陶冶了性情，也培养了耐性。成就大小，是否方得始终，那需要天赋，不敢妄议。但深深明白，一生只干一件事，使出浑身解数干好它，就是我的初心！

2007年4月，我被授予重庆市宣传文化首批"五个一批部门级人才"，后又入选市级新闻宣传专家库，最终获评正高职称。

对新闻这个行业，许多写字的人有一种误解，"新闻无学"论曾经甚嚣尘上，你看他们，抛头露面，风风火火，"十处打锣九处有他"，东奔西跑，蜻蜓点水，只会写"豆腐块"，哪有什么真才实学？

也确有这样的记者，无论是否与自己工作范围有关，热衷于跟着领导屁股转，跑场子，出风头，写有偿新闻，好不容易跑趟农村，也是"坐着车子转，隔着玻璃看"，脚上不沾泥土，衣背不见汗湿，写出的稿子不带露珠，不冒热气，也难怪给人留下不良印象。

其实，一个出色的新闻人，绝不逊色于任何一个领域的专家学者。他们接触社会广泛，达官贵人，三教九流，资讯不断，消息常新，既唱赞歌，也说人话，三百六十行中，真正能做到"行万里路，阅人无数"的，恐怕只有新闻这个行当了。

日积月累，见多识广，在媒体干久了，对本地各行各业情况熟悉，上知政策，下接地气，下笔客观理性，条分缕析，意见建议中肯，你还说他不是专家学者？

涪陵区融媒体中心成立不到两年，有7名编辑记者入选"涪陵区智库专家"。

同事向安勤、杨旭东，无论是早年当记者编辑，还是在管理岗位，始终笔耕不辍，各类体裁驾轻就熟，在社会各界声名显赫，以至于找上门来的不是要求写报道，而是各类工作性质的大块头文章。没有扎实的写作功底，没有深厚的积累沉淀，一个写"豆腐块"的记者，会成为各路英豪相邀的对象？

河长制，涪陵实施较早，全国起步后，要上报经验总结，区委办主任给我交代撰稿任务，我一周时间写出《修复长江生态环境，筑牢上游生态屏障 再现"一江碧水两岸青山"美丽画卷》。

被市委办采用后,领导高兴得连连赞扬。

最慢的步伐不是跬步,而是徘徊;最快的脚步不是冲刺,而是坚持。情商不高,才气平平,笨鸟勤飞,终会飞出自己的一片天空。

第三章　文存笔尖　青灯不灭

"黑白颠倒"练就真功

天刚蒙蒙亮，闹钟响了，早晨5点30分，起床下楼，乘车到编辑部。早班，做时政新闻版。

一位副总编把关，一位画版编辑，我负责选稿、编稿、审看大样，整整过了五年"黑白颠倒"的日子。

在报社工作，有一岗位让人刻骨铭心，那就是夜班编辑。"日报"大多是周七刊，天天出版，讲时效性，当天的消息第二天见报，编辑部确定当日"本报讯"截稿时间，一般在晚上七八点，选稿、编辑、审稿、排版、校对、制作、印刷、分发，系列出版工作都是晚上进行。

一般而言，夜班从晚八九点开始的多，什么时候下班？无法确定。等稿、调稿、换稿是常态。个别重要时政新闻什么时候到稿，那是未知数。总之，清样完毕就下班。

最让夜班恐惧的是，重大事件、突发新闻可以把人折磨得身心俱疲。每年全国、市、区"两会"，会期长，审稿程序复杂，指令性稿子多，地方报纸时不时还要与央媒或省报对版对标，夜班编辑通宵达旦，绝没夸张。

二十世纪八九十年代，本报实行上早班，新华社24小时滚动发稿，早上可以接收零点后的最新消息。跟夜班只是时间相反而已，目的是一样的。早班制，在全国地市报是否还有他例，不得而知。

2005年本报改为《巴渝都市报》，顾名思义，"都市报"，与党报相呼应，更强调要"飞入寻常百姓家"。时效性，提到了前所未有的高度。无论"本报讯"，还是新华社电稿，所有版面改由夜班编辑出版。第二天早晨，读者就可拿到新上市的报纸。

早班也好，夜班也罢，回想走过的路，那真正是激情燃烧的岁月。任编辑、部门负责人、分管编采业务的副总编，与编委们轮流值班出报近二十年。

除身不由己为稻粱谋，有新闻理想才是坚持的本来面目。

作为地市报，选用新华社稿，主要是国内外重要时政新闻、图片和央媒重要评论，这些都是本报记者无法采写而又必须刊出的。

如何在每天上千条新华社电稿中选取为我所用的文图，考验着编辑的判断力、新闻眼光、政策水平。

值早班时，人手少，时间紧，但人年轻，精力充沛，干劲十足。我经过几年采访锻炼，其间回到编辑部跟老师学编稿子、写言论、画版样，态度端正，用心用力，渐渐历练成了"老编老记"。这应是被选中参与值班的缘由。

言传身教，耳濡目染，老一辈新闻人的头发日渐花白稀疏。他们不仅教会了我如何做新闻，更让我见识了一辈子对新闻事业的执着与坚守。我对新闻工作有了更深感情，更深认识，所以早班夜班也就理解为职责所在，心情郁闷时有牢骚，但无怨无悔。

早班时，把关人、副总编李华生提出，办一个《时事副刊》，从新华社浩如烟海的文图中选取有看点的稿子，以增强报纸可读性，又可提高电稿的采用率。这在那个年代的地市级党报中毫无疑问是一种创新策划。

李总时年40出头,戴眼镜,个不高,平时少言寡语,但开口总能直击要害,从记者编辑干到领导岗位,从业经验自不待言。我多年在其手下当编辑,知其业务功底绝对是"扛把子"。

斟酌,讨论,确定《时事副刊》每周一期,一期一个版。研讨时,我提出,本报是地方报,发行范围有限,有效的读者面无法跟大报比,选用文图稿要坚持"以我为主,于我有利,为我所用"原则。这个建议得到领导肯定。

自戴紧箍咒,让早班更显紧张,更加专注。选稿,一直坚持着眼于新闻热点、焦点的背景分析,呈现有鲜明副刊特点的稿子,与本地接近性强的文图理所当然是首选。创办当年,《时事副刊》(1995年9月24日版)获第七届中国时事报道副刊奖,辛劳和努力得到认可。

《时事副刊》的成功,给人鼓舞,商议后决心再接再厉,创办《时事写真》图片版。办刊思路与《时事副刊》一样,不同的是,专门选用电稿中的精彩图片。

新华社图片量大质优,因版面有限,地方报纸历来采用较少,甚是可惜。写真版的创办,适应了读图时代的到来,增强了报纸的视觉冲击力。因当时纸媒刚兴起创办都市报,流行图大量多。在可操作空间内竭力跟上报业潮流也是创办初衷。

现每每忆起,媒体人真不缺乏创新意识,给一点阳光,就会灿烂。

后遇新华社地方编辑室负责人,他闻听后称赞:"办报思路新颖,不失为新华社稿件增加落地量的创新之举,值得推广。"

有名言"热爱是最好的老师",我如今常常用这句话分享我与新闻业40年的缘分。只有热爱,才会全力以赴,才会倾情投入,也才会激情不断,灵感迸发,最终有所创造、有所成就。

我担任时事新闻的编辑前,报社还搞了一块新闻改革试验田

——新办《周末》专刊，这在报纸历史上是第一次。由公开选拔上岗的部门主任余陵领衔，我作为编辑参与。

20世纪90年代初，公开竞争选拔部门主任，前所未有。这是时任总编辑刘顺福敢为人先的决策。

刘总是部队政工干部出身，转业来到宣传部。后任职报社六年，搬迁报社，修办公楼、职工宿舍，想干事、能干事、干成事，是我在报社40年所见最有魄力的总编辑。

余陵与我同一天进报社，古铜色皮肤，小小的脸庞上架着一副眼镜，膀大腰圆，文艺范十足，文笔尤其风花雪月。可惜他在《周末》只干了三年，另择高枝，辞职去了《华西都市报》。

《周末》，实际带有副刊性质。报界有言："没有副刊的报纸是不完全的。"两人跃跃欲试，决心一展拳脚。

我们反复商议、构思，确立了整体风格、编采思想、版式设计、栏目设置，定位于办一张有新闻性、故事性的《周末》，以新闻人物和事件为主，拓宽报道面，让难以上日常新闻版的人和事登上报纸，话语体系有别于常规的新闻，强调轻松有趣，探寻人的心路历程。每周1期，4个版。

经过两次试刊后，《周末》1993年1月正式出版。我负责主编《人生》《商界》《文艺沙龙》三个专栏，轮番见报。

《从士兵到大堂经理》《鬼城"三绝"》《一枝红杏出墙来》《好一朵君子兰》《"2·1"特大海损事故亲历记——一位涪陵籍船员的追述》《投入文化市场争第一——一位娱乐业老板的自述》等等，从标题可见，与新闻版风格迥异，读者反响热烈在意料之中，办公室来信来访一时络绎不绝。

一位远在吉林辽源市东辽县的作者张俊以，几乎每周投稿，稿子复写，字迹潦草，但内容吸睛，多为儿童诗词和文艺界的趣闻逸事。

《"陈真"的爱心》，写陈真扮演者香港演员梁小龙向社会奉献爱心的故事。梁小龙当时红遍全国，家喻户晓。收稿后，我打电话与作者沟通核实，才知他是县文联的内刊编辑，偏爱创作儿童诗歌和歌词。稿子编发后，获四川省好新闻报纸副刊奖。

也许是笔耕勤奋，天资过人，时过境迁，张俊以被冠以"词坛怪才"时，已是享誉全国的著名词作家、演艺圈策划大师、春晚幕后团队常客。

经十几年的历练，我任总编室、经济生活部负责人，策划、把控、编辑能力的锻炼全方位展开——

主编业务专栏《新闻天地》；审看每期报纸大样；为编委会草拟报道意见；管理、指导记者站写稿；定位经济版"聚焦百姓生活　关注经济热点"；庆祝国庆50周年开设"长镜头"图片专栏；经济生活部开设言论专栏《白鹤茶庄》被《新闻导刊》杂志发文好评……系列业务岗位的锤炼，成就了我十八般武艺样样通，成了名副其实的多面手。

未经磨砺的灵魂没有深度，没有有所作为的人生是因为懒惰。报界有一现象由来已久，部门负责人总是忙忙碌碌，照本宣科，执行到位就万事大吉。缺乏深度思考、主动而为的精神，更遑论创新创造！文字工作是创造性职业，是故意忽视还是明知可为而不为？

1997年报纸改版，编委会集思广益，征求改版意见。我书面提出"转变思想观念，树立以提高报纸质量为龙头的意识""全面贯彻党报性质、晚报风格、地方特色的办报方针""减少综合版，增加周刊或板块式版面""加强宣传报道的组织策划"等意见建议，被采纳写进"报纸改进意见"中。

正是此次改版，已运行4年的《周末》，让大家看到了它日益旺盛的人气和影响力，认识到持续办好周末版，是争取读者的不二砝码。

招兵买马，加期扩版，李玉生、刘志强、姚彬等几名才情四溢的作家型编辑加盟，两三年时间，《周末》成长为涪陵日报社的一张名片。

回顾多岗位编辑生涯，一个党报编辑，到底应具备怎样的基本素养？我的体会凝聚在这篇文章中——

都市报编辑应强化三种意识

从编辑岗位的重要性来看应强化三种意识

编辑岗位是平面媒体（无论党报，还是都市报）的核心岗位，尤其是都市类报纸，编辑是指挥员、协调员，是报纸出版链上的核心环节，记者在一线冲锋，必须听从指挥员的指挥协调，否则就是乱冲乱打，无的放矢。编辑岗位，更是报社编辑部的总装车间，这个车间的软硬件要是出任何纰漏和问题，报纸这个产品都有可能无法上市。编辑岗位的重要性由此可见。

编辑岗位如此重要，那么对于我们初当编辑，或者是已做了多年编辑工作的人来讲，到底应具备怎样的基本意识？新闻理论上，各个时期和国内外新闻理论的说法是没有同一版本的。尤其是对我们《巴渝都市报》这样既具有机关报性质，同时又是一个面向市场自己找饭吃的区域性媒体来说就更不好下结论。有的说要具备政治意识，有的说要有阵地意识，还有的说要有敏感意识。

但从我多年的编辑工作经验和媒体转型的要求看，政治意识、大局意识、责任意识，是起码要具备并予以强化的三种意识，也是供职于都市报的编辑所应具备的基本功。

要具有政治意识、大局意识、责任意识，本来是对各级官员的要求，但我认为它非常适用于担当"双重功能"的都市类报纸，把它移植过来不仅让我们的编辑工作受益匪浅，更是我们《巴渝都市报》一年多转型实践的切身体会和经验之谈。

三种意识如何体现在编辑工作中

政治意识、大局意识、责任意识，平时都在讲，但在我们实际编辑工作中，到底体现在哪些方面？

先说政治意识。政治意识是指政治思想、政治观点，以及对于政治现象的态度和评价。我们的媒体，包括都市类报纸，遵循的是马克思主义的新闻观，在党的绝对领导下，党管媒体的原则从没改变，党委政府对媒体这个宣传工具的要求从没改变，这都是对我们要强化政治意识的要求。增强政治意识，就是要求编辑在瞬息万变、错综复杂的形势下，保持清醒的政治头脑，具有正确的政治思想、坚定的政治立场、敏锐的政治观察力和鉴别力，坚持马列主义、毛泽东思想、邓小平理论和科学发展观，坚持党的基本路线，不管情况多么复杂，形势怎样变化，都保持坚定正确的政治立场和政治方向。具体在我们的编辑工作中，强化政治意识，主要就是注意这几个方面：

1. 不能犯政治性和导向性的错误。错误的观点和倾向都不能有，思想上不把牢这个关，就会自觉不自觉地体现在我们的编辑工作中，体现在选稿用稿及编辑的稿子中，表现在版面上，最终出现在报纸上。

2. 加强政治学习，提高自身的政治素养。具体说，就是要熟悉掌握宣传政策、口径，并牢记在心，比如台海关系、计划生育、宗教、民族政策等。学习的形式是多种多样的，但我们一定要做爱学习的有心人。

3. 对政治形势的敏感和把握。当前党委政府的工作重点是哪些，市民关注的是什么，哪些稿件该用，哪些不该用，怎么用，都要做到心中有一个标尺。要有政治敏感性，不要认为我们是办都市报，讲求可读性就可以不讲政治。都市报也是党领导下的报纸。

再说大局意识。大局意识就是要认识大局、把握大局、服从和服务于大局。凡是涉及经济社会发展全局的事情，涉及人民群众根本利益和国家前途命运的事情，就是大局。强化大局意识要注意这几个方面：

1. 身在编辑岗位，心想本地经济社会发展全局。站在社长、总编甚至更高的角度看问题、想问题和衡量稿件。比如，指令性的稿子发不发？稿子不符合自己的胃口发不发？《巴渝都市报》担当双重功能，不符合报纸定位的稿件发不发？这都是对我们是否具有大局意识的考量。

2. 严守新闻纪律，自觉把言行统一到宣传口径上来。这是常识问题，但执行好也是不容易的，更是对我们是否具有大局意识的检验。

3. 具体的编辑工作中积极配合报纸的整体要求。切忌各自为政，不要以自己的喜好和心情进行取舍和工作。要有服务和服从于整体的意识。

最后说说责任意识。责任意识就是角色意识，就是要知道自己的编辑岗位、工作环节在政治生活中、报纸全局中、整个经济社会事业链中所处的位置和作用，自觉完成并做好本职工作范围内的事情。责任意识是一种精神状态，有了责任意识，才能集中精力，全身心地投入。我们的报纸是党委、政府和广大人民群众的喉舌，肩负着围绕中心、服务大局、引导舆论、服务群众的政治使命。如履薄冰，如临深渊，这八个字是对责任意识最好的形容和诠释。只要思想上牢记了这几个字就好办。关于"责任",我一直是这样认为的,故意捣乱可以说没有,大多是思想开小差,无意识或经验不足造成差错。如何加强责任意识,避免差错,以我的经验,具体做到这几点:

1. 要从全报社的角度认识责任。荣辱是报社的,更是我们自己的。新闻事故、责任事故、差错多了,作为一个都市报人不仅脸上无光,追究起来也是脱不了干系的。

2. 不要怕麻烦,不要偷懒。打个电话,多问一句,就可避免差错。

3. 不要犯常识性的错误。人名、地名、职务、时间不要错。这些错了,就是缺乏责任心,就是没有起码的责任意识。

(作者陈杨 原载《中国地市报人》2009年第5期)

时代大潮汹涌,科技的进步、数与网的到来,让编辑的劳动强度有所减轻,但报纸阵地在,报魂还在,"黑白颠倒"的日子在继续。

叹惜的是,在社会上、在业内有影响力的编辑记者越来越少,稿子越写越差,精益求精、创新求变的精神在渐渐丧失。

究其原因,编辑记者成了一种单纯的职业需求,是不是学此专业,是否有一定文字功底无所谓,大家心知肚明地进到报社再说。俗语说得好,"不是一家人不进一家门",费尽心机进了门,不爱学不愿钻,沉迷约酒、"三缺一",终归会一事无成。

印象中,新闻业务探讨氛围在二十世纪八九十年代最浓厚,五六个编辑坐在办公室抄、编稿子,对某篇稿子有什么看法,张口就来,谁的意见正确主任拍板采纳。

多年来,我在编辑工作中养成了认真严谨的作风。无论多忙,看方案、稿子,审阅大样,亲力亲为,从不马虎。我反复跟年轻记者、编辑讲,写时要跟每一个字搏斗,编时要认真仔细,一丝不苟。

特别是任副总编辑后,从大处着眼,严格把关,稿子的导向、版面的安排、标题的制作,反复斟酌推敲,每张大样从头看到尾,一张大样修改后,常常变成了"大花脸"。有编辑好心劝导:"你是领导,看看标题把把关就行了,干吗花那么大功夫?!"回答是:"习惯了,算是对自己、对读者负责!"

《人民日报》原总编辑范敬宜说,总编辑首先是个编辑,不能只想着"总"而忘了"编"。不少编采人员当了领导和主编后,就成了君子,动口不动手,编委变"政委"。

在新闻界总编官员化、编辑机关化、记者江湖化、服务形式化、经营短视化、研究边缘化的今天,媒体要在竞争白热化中实现传播力、引导力、影响力、公信力不断增强的目标,很多方面不妨沉心静气,好好向过去的办报氛围学习取经。

大样背后的定夺

大样,不是报纸,是出版过程中的半成品,是编辑对文图稿件加工编排后的版样。读者拿到的是报纸,稿子如何变成铅字的,背后复杂的流程少为人所知。

选稿、编稿、录入、排版、校对、小样、大样、清样等等,系列编辑工作都在夜班完成。披星戴月,熬更守夜,甚至废寝忘食,对编辑部而言实为常态。

我于2004年5月开始任副总编,分管编采业务,十多年值夜班做报,对报纸出版背后的运作,酸甜苦辣,喜怒哀乐,体会尤深。

只说 2008 年 5 月汶川地震时的情景。下文刊发在《重报集团工作通讯》2008 年第 6 期。

余震中奋战在出报一线

从北京参加完培训回来，我开始值夜班。这周夜班刻骨铭心，永生难忘，是在不断的余震中度过的！

由于地震当天震感强烈，编辑部大楼墙上出现了裂痕，加上余震不断，社会上各种传言也多，有血有肉的编辑们上着夜班就有点惶恐不安了。

18 日是星期天，本来第二天才该我开始值夜班。晚上我提前来到编辑中心，总编辑也到场了，他从地震发生后天天晚上到岗指挥、审稿，切实履行职责！

这几天的报纸毫无疑问，天天是有关汶川地震的消息，本报每期只有 16 个版，但每天有四到八个版都是有关地震的最新动态。这天晚上新华社通稿称"19 到 21 日三天是全国哀悼日"，我与总编和编辑商量，决定第二天的报头改为黑色，以示媒体对死难者的哀悼！

19 日，一周的总值班（夜班）开始，我找来编辑中心负责人商议，决定将地震报道的版面一律前移，作要闻处理，分成现场、动态、救援、爱心、本地等板块，在每个版左上角做醒目的栏题，同时加大图片的用量和位置显示。以庄重、肃穆为基调，突出本地与抗震救灾有关的文、图报道和板块，版面效果立即改观。

一周的总值班，印象最深的是 20 日凌晨的两个小时。当晚，华龙网消息称："19 日至 20 日，在汶川震区附近有可能发生 6 至

7级余震，重庆各地将会有明显震感。"编辑们都看到了这条信息，院坝和大门外的大街上已聚集了不少的人，但上班的同志们都坚守岗位，有条不紊地一个版一个版地清完样才下班离去，基本没有了前几天的紧张情绪，三位在场的老总最后走出编辑部大楼。此时，几位记者正分头在大街上采访避震的市民。凌晨1点52分四川平武余震过去，印报车间开始上班。

（巴渝都市报社　陈杨）

　　稿子到了编辑部，就好比食材到了后厨，如何加工烹饪成美味佳肴，厨师的手艺是核心，食材质量是基础。

　　值班手记、大事记、各类总结、编委会与业务培训会上自己和同事的发言，串联起大样背后编采过程的来龙去脉及独立思考，报纸如何出版，编辑做了哪些努力，把什么关，管中窥豹，见微知著——

时刻牢记围绕中心服务大局

　　头版缺大图，编辑选了一张新华社图片，与本地没关系且题材不重大。我突然想到，国庆节将至，献礼大片《建国大业》全国媒体炒得热火朝天，今天在本地上映。用一张影片海报，简介内容，附加首映票房，图片不就有了？我立即上网查资料，打电话给电影公司经理，得知票房喜人。与编辑一起，很快敲定大图。

　　地方媒体选稿，需要据报纸定位把握统一标准和原则，以本地为主，重大、时效高、接近性强、读者最大化。编辑、主编、大样签发人，选用什么稿子，把什么关，是政治素养、政治责任的体现。当前宣传什么主题，宣传方向，要心中有数，同时新闻敏感、新闻鼻不能少,多站在读者角度评估,是否关心、关注?纯工作性质的宣传稿少选,但与民生相关的新政策新举措不能遗漏。练就这层功力,需砍柴不误磨刀工:广泛浏览报、网,把学理论、政策,看报看书,甚至参加各类会议,当成钻研业务,尽力争乎其上,至少得乎其中。

(2009年9月17日)

　　头版是脸面,是一张报纸的水平!导读要用心选,头条更要吸引眼球。头版选的头条"重庆建公共安全视频系统"。看完大样,改选"涪陵公交车辆更新加快　线路将进一步优化"。

　　公交"双改",是涪陵近段时间涉及民生的大事,市民关注度高,是区委区政府的重点工作,但如同任何改革,涉及利益的重新调整,各方不同反响是必然。着眼此背景,主标题是常务副区长乘公交听取意见建议后的表态。

(2010年11月22日)

选稿要把握正确舆论导向

　　编前会上编辑说,周刊"情感生活"版只有一篇稿子,内容是"小三""二奶",结了离,再结又离婚的心路历程。我哭笑不得,这是街头小报稿子,灰色题材,当然不能用。

　　周刊稿不一定要高大全,但积极、健康是起码的标准!很少看韩剧,觉得又臭又长,但它反映的大都是家庭伦理道德,积极向善,少有血腥暴力,中国观众如痴如醉,有大批忠实观众。周刊稿选题材可以向韩剧学习。

(2010年5月14日)

A6版长达上千字的《6岁男孩脑膜炎无钱医　保险公司员工及时捐助》，配母亲抱着小孩泪水涟涟、父亲一旁表情漠然的大图，编辑放头条。"新闻价值多大？如此浓墨重彩？"

本报多次采用此类同质化稿件，许多稿后还用黑体字标明接受捐赠账号或电话号码，专栏《爱心寻呼》用的几乎都是此类稿子，不仅审美疲劳，报纸也快变成"巴渝慈善报"了。不是不能用，而是怎么采写怎么用的问题。无生动感人情节和特殊的背景，一味想通过媒体向社会求助，这跟大街上变着花样向行人乞讨有何区别？站在更高角度看，和谐社会就是这样吗？有病无钱医，有难无人帮，非要在媒体上曝光才能得到救助？这是导向问题，马虎不得。

（2011年11月30日）

今天的一篇报道《坚强少女的渴望　我想读书》，是一篇报、网互动稿。网友发现线索在"巴渝论坛"发帖，组织爱心网友上门慰问。相比之前痛说苦难家事，直接伸手向社会要钱的报道，别有洞天。果不然，区委书记看后指示"请李渡街道和有关部门给予帮助支持"。今晚上版的后续报道："夏勤有望下学期重返校园。"同是弱势群体，同盼社会伸援手，此报道温情、有爱，让人容易接受，是建设和谐社会的缩影。

（2013年4月18日）

按读者最大化原则选头条

16个版的稿子，选头条应不费思量，但恰恰相反。编辑选《涪陵有2500余人报名参加成人考试》，感到分量不足。

斟酌中，责编说，新华社有通稿《三峡工程凌晨开始175米蓄水》。涪陵地处库区腹地，蓄水是读者、市民都关心的大事，按照读者最大化和接近性原则，头版头条就是它了。有责任心、耐心、细心，才能淘到好稿！

（2009年9月14日）

《都市民生》版头条选文图《网友称赞最帅交巡警》，报道一名交巡警在水中搬石头。同版边栏，有涪陵人耳熟能详的青年广场要改建为全民健身广场的消息，这是关注度更高的民生新闻，改放头条，做大。类似情形，《今日涪陵》版《涪陵三年将建四千套公租房》的稿子，放到了头条《海盐县取经涪陵土地流转》稿的下方。

编辑衡量稿子轻重和版位的标准，把握不准，坚持重大、独家、民生、读者最大化，是反复强调并适用的。

（2010年5月11日）

编前会上采访部主任说全区有两个村被评为首批中国传统村落，稿子300多字，两个村的基本情况和特征没交代，为啥评上没写。

典型的蜻蜓点水、浅尝辄止，看后不过瘾。没有从读者角度思考、采写报道，导致许多好新闻、好题材浪费了。大样上大顺村、安镇村的简介、图片，传统村落的特征，都补充了，且对"中国传统村落"作了简介。多好！

（2013年6月4日）

稿子采写不能有闻必录

春节临近，燃放烟花爆竹是国人传统民俗，《记者在行动》

专栏有记者采写的烟花爆竹销售火爆稿,文图并茂,写得有新意。但标题为"市民可从600个品种选购",就欠思考。

烟花爆竹在春节是否燃放,争论了多年。核心是安全问题。从经销商角度考虑,想品种多,客户选择余地大,但记者不能有闻必录,要从宏观层面和问题角度思考,结合新闻事实找准切入点。

(2013年2月1日)

"涪陵辖内的铁路1800天无危行案件发生",副题"沿线群众对铁路治安和护路工作满意率达95%"。哪个机构调查的?调查面多宽?调查机构有没权威性?没写,让人疑窦丛生。

这些内容是稿件的基本事实,写清楚才经得起推敲,也是起码要求。涪陵境内铁路线不长,目前通车的只有渝怀铁路,近年发生过沿线群众安全意识差导致的伤亡事故。采访时不能介绍什么就信,要刨根问底,凭经验、常识、知识进行判断,更不能凭唯一信源写稿,要多方验证情况是否属实。下笔时更要去粗取精,去伪存真。

(2013年2月3日)

标题制作要先准确再生动

看文先看题,标题是新闻的眼睛,是能否激起受众阅读欲的引线。编辑在《都市民生》版标题制作上动脑筋:"太极大道要变样了",副标题"建成涪城样板街区";"涪城公交车两道风景:新车——赏心悦目 旧车——看了摇头"。突出了新闻点和新鲜点、看点,让人一目了然。这应是新闻标题的本意。《人民日报》副总编梁衡说"未成稿时题为梁,成稿之后题为眼",好标题能起到画龙点睛之效。

（2010年9月8日）

2版倒头条《连晴高温　农户丧宴急缺水　及时帮忙　政府送来10吨水》，温暖，民生，以小见大，但标题不理想，反复斟酌，改为"愁，连晴高温水井干见底；喜，政府送水解丧宴之急"，生动，耐看，选为头版导读。

想起2月13日晚制作标题。内容为两江广场市民放风筝、遛狗，原标题为"市民两江广场晒太阳"，编辑作头版大图，改标题为"春阳俏，风筝高"，我将"高"字改为"闹"。俏、闹，形象生动，拟人化。5版《财富人生》整版一篇稿子，编辑取标题为"将荒山变宝山"，典型的标语化，无新闻事实。值班主任将其改成"独腿女承包荒山200亩"，副题"栽植的经果林每年为她带来4万元纯收入"，主标题有故事性，能勾起阅读欲望。

取标题是门绝学，习惯性的是口号式、标语化，新闻点没提炼出来，把稿子看完才知说什么，这不是读者所要的。梁衡说标题制作要"先学走，再学跑；先准确，再生动"，应奉为圭臬。

（2011年7月30日）

言论写作把握三要素就不难

过去说，言论是报纸的旗帜，现在说，纸媒是内容、观点提供商。因而，近几年业界非常重视言论的写作，《南方都市报》率先将言论版刊发在2版或3版。有样学样，本报今年4月份改版后，2版定为《观点》版，每周定期出版3至4期，由编辑记者主笔，同时约稿。

但言论写作历来被编采人员视为畏途，如何写好言论，《人民日报》（海外版）原总编辑詹国枢的《言论写作三要素》，值得学习。他说："第一要素就是故事。这个故事是个大概念，也包括新闻、历史、典故、趣事、资料。它的要点有两条，一是要新鲜的，别人不知道的。二是要有深思的，能展开议论的。第二要素，要有见识。见识就是思想。写言论总要告诉人们一些东西，告诉什么呢？无非是见识、思想和观点。一篇言论水平如何，在这个环节就更见高下。第三要素，要有文采。一个有心于写言论的人随时随地要搜集各种故事资料，读书、看报纸、看电视、与人聊天都是搜集故事的机会。"

昨晚我为一条新闻配发了一篇小言论——

正确对待媒体监督

2013年8月15日《巴渝都市报》10版消息《开发商正筛选整改方案　下周检测噪音数值》，第三次报道了涪陵新区海怡天·星海湖小区2号楼2单元一业主反映该栋楼房电梯运行声音大影响其一家人正常生活，至今没有得到解决的事。

一家人精打细算，多方论证后买下了开发商的一套新房，兴奋异常地住进后才发现电梯噪声大得影响了正常生活，媒体三次报道此事，至今没能得到解决！开发商对媒体的曝光更是不理不睬。如此对待媒体的态度发人深思。

强悍且神通广大的开发商，到底应怎样面对媒体的监督？是面对现场采访，态度诚恳地敷衍记者；还是看了报道后佯装不知，甚至摆出一副死猪不怕开水烫的模样。这些都不应是一个成熟企业该有的姿态和处事水平。这样的结果受损的是企业的声誉，影响的是企业的销售。

媒体是大众媒体，除了担当党和政府的喉舌作用外，更是人民群众的舆论工具。实事求是地反映群众的呼声和要求，是有社会责任担当的媒体的职责之一。现场查勘、请有关职能部门鉴定、制定整改方案，不应是作秀，更不能有拖一天算一天的想法。正确对待媒体监督，真心诚意解决服务对象的问题才是应有态度。只是我们换位想想，要是新房是你自家人新购置的，你会如何行动？（涪陵 乔夫）

始料未及，此文在巴渝传媒网的巴渝论坛引起了星海湖业主们的强烈反响，据跟帖透露，业主们将言论复印张贴在小区，将报纸拿给物管部门看。写时评是改版后对编委会成员作的要求，这是改版后我写的第一篇言论。

（2013年8月16日）

媒体不能自废武功

《都市民生》版上有记者采写《插旗山支路惊现粪便麻袋》稿，配图：化粪池掏出的粪便装进麻袋，白花花地胡乱堆在马路上。副题为"共有100多袋，既影响环境又存安全隐患"。一条普通的监督稿，但主任说邮箱中有稿件涉及的江东街道刚发来的《关于江东插旗粪便垃圾的说明》，查明有此事，表示"明天全部拉走、清理完毕，打扫好现场"。

请编辑与记者核实，回答说采访完现场，与办事处联系，一律推诿不理。估计考虑眼下正集中整治城区市容，怕曝光，所以发来此说明。从说明看出，记者报道属实。用！

地方媒体，采写、发行范围有限，都是熟人，舆论监督这个媒体最有力的武器、看家本领，真正要发挥作用显得心有余而力不足。受很多因素制约，还要考虑媒体自身利益。但舆论监督只要出发点好，是善意的，事实准确，有利改进工作，不是为了曝光而曝光，用好这把利器，对双方都有益。媒体不能自废武功。

（2009年8月13日）

　　《今日涪陵》版记者采写《节后上班工作作风督查　两个乡被全区通报批评》，说节后上班第一天，区纪委等部门明察暗访，对工作作风情况进行督查，发现有18个街道、乡镇、单位到岗情况良好，有2个乡被通报批评。18个单位一一点名表扬，2个乡却没提名。作为一条完整的消息，看后让人莫名其妙。此类该点名而不点名的现象，已发生多次。编采例会上领导们也强调指出多次，被证实的"死老虎"都不敢点名，"活老虎"还敢打？

　　媒体，舆论监督是唯一有用的武器，是话语权的体现。舆论监督不能纸上谈兵，更不能将武器拱手让给商业平台和自媒体。

（2011年2月10日）

突发事件要第一时间以我为主讲

　　石沱乡境内森林山火复燃起来了！区委书记、区长都赶到现场指挥。但宣传主管部门的指示是"不报道"。3日刚发生火灾时，也不准见报，记者在现场拟稿后直接请区长审稿，第二天见报了一则短消息，现场灭火的图片版位处理很突出，没人指责和批评。复燃了，无人通知媒体，记者通过自己的信源采写回文图稿，用。

　　自媒体和商业平台的文图已是铺天盖地，对突发事件，主流媒体到底该如何应对？网络舆情与突发公共事件危机管理的基本原则是：快报事件，慎报原因，依法处置，公开结果。这也是成功经验之谈。要第一时间讲，以我为主地讲，持续不断地讲，危机发生后，24小时是黄金时间，第一个6小时是最佳处置时间，不能一味简单地封、堵、删。

央视副总编孙玉胜在《十年》中说："应对突发事件，在诸多情况下，发比不发好，早发比晚发好。其中的道理很简单，发布是主动的，解释是被动的，只要及时准确，按照人的一般认知与接受规律，发布是被信任的，而解释总是被怀疑的。"公开透明，有序开放，有效管理，正确引导，结果一定是正向的。

（2011年9月6日）

本地热点新闻避免"灯下黑"

区委书记高升重庆市副市长，绝对是一条重磅新闻。下午华龙网等网媒已发消息。是否发稿？指令是等主管部门通知。

夜班的编辑们一致认为，读者关注，必须用。本地热点新闻，不用，岂不是典型的"灯下黑"！之前，出现过本地美心红酒小镇游乐场事故、一个打工者发明室内吊床等，主城报媒做大做强，本报蜻蜓点水，应付了事，不见媒体担当和责任的影子。而今资讯如此发达，一味地"不准""不报"，甚至封杀，是最蠢的思维。如何报，怎样报，讲究宣传艺术、报道方式，才是应有之义。

（2012年8月6日）

对领导已审稿不能盲目相信

如今党政领导对记者采访非常谨慎，日理万机也要亲自审改。编辑对领导审过的稿件，尤其容不得半点马虎、懈怠，审过的稿件也要仔细编辑，更不能盲目相信，不要认为错了与己无关。真有差错，编辑仍然脱不了干系。需要提醒的是，领导亲自审核的稿件，发现问题需要改动，要先与采写记者沟通，不要想当然修改。因为也许一些新提法我们没听说过或不理解，如果自作主张修改或许就背离了领导讲话的原意。

（摘自本报主编蒋从容2021年5月培训提纲）

改版要有市场和读者调查环节

报纸改版半个月前已提上议事日程，编委会进行过一次方案讨论，确定循序渐进。之前的《今日涪陵》4个版取消了，不分A、B叠，《涪陵新闻》放到前4版，主标题字体改用标宋，说要改变用大黑体和超粗黑显得傻大黑粗的模样。

我认为，改版是系统工程，不能闭门造车，前期准备必须要有市场和读者调查环节，在广泛吸纳意见建议基础上制定方案才是王道。从理念到标准，从内容到形式，要有详细操作方案，要做到让每个人心中有数。本周一编前会上，我阐述了对改版的要求，选稿、采写应遵循的基本原则：要从读者角度入手，站在读者角度思考需要看什么，标题要用事实说话，先准确再生动，要将专业的内容翻译得明白易懂，语态要平民化，增版应以广告量定版数，要有成本意识，等等。

（2013年4月15日）

广告不能以牺牲报纸质量为代价

广告是纸媒生存的命脉，但不能以牺牲报纸质量为代价。

编前会上，编辑反映"签约稿件篇数多且长"。所谓签约稿，是纸媒特有的软文广告，换句话，就是有偿新闻，即与某单位签个协议，一段时间内刊用多少稿子，你给多少广告费。此类软文广告如果量少，那么对报纸影响有限，但签约机构多了，稿子就多，而这类稿子无一例外均是工作性质的宣传稿，不是新闻，刊发后将大大降低媒体内容质量。广告收益与报纸质量付出的代价，孰轻孰重？不言自明。

（2009年8月12日）

3版边栏有一条广告小稿《龙桥召开首次经济社会发展恳谈会》，100多字，配有一张恳谈会小照片。细看才知是街道请企业和在外知名人士为本地发展出谋划策。我动手将标题改为"企业代表和在外知名人士为龙桥发展出谋划策"，前后两个标题谁优谁劣，一目了然。编辑说"签约稿一般都没改也不敢改"。

我一直强调，广告要有专人策划、统筹、编辑、把关、校对。不能拉回业务就万事大吉，对报纸质量毫不在乎。报纸是我们的产品，质量如何，精明的商家心明似镜。

（2010年1月30日）

版面设计不能随意拼凑

报纸质量，除文图质量、标题制作外，版面设计美化不可或缺，要呈现亮点突出、层次分明、搭配适当、风格统一的视觉效果。谋篇布局时，应以看点稿为主打，在遵循报纸整体字体字号相符的前提下，调动点、线、底纹、色彩等多种美化工具，不必一味强调稿子条数，避免为有信息量，给人拼凑印象。版式设计如能做到精巧别致，那就锦上添花了。

今晚版面值得肯定：《店家不花一分钱换门头》《谈判失败，大战在即》《政府送水，我的羊儿有救了》《幼儿园冒高温提前开学，江东教办责令：立刻送孩子回家》《穿着鞋子下河洗澡，突发大水将他冲走》《把老百姓都装进保险箱》。版面亮点突出，层次分明。

(2011年9月5日)

　　本报节会报道用第一次报眉"助推城市发展　倾情回馈读者　巴渝都市报社第二届读者节暨房展会美居节特别报道",用一个版回顾了本报新闻品牌专栏《记者在行动》创办以来的历程。该专栏创办5年来,获得了2010年度重庆新闻奖二等奖,多次获区领导批示,尤其难能可贵的是得到读者认可和褒扬,确实称得上是本报的一个新闻品牌。所以我很留意此版,动笔修改了多处版面元素。主标题改为"一个新闻品牌栏目与一座城市的互动"。

(2013年11月15日)

无名之辈谁著史

　　编辑部大门口旁有一家小面馆,编辑干到半夜饿了,去吃面条,新接手餐馆的老板总以为"这几爷子是打麻将的",熟悉后学范伟调侃:"做人的差距咋这么大呢。""同样是三更半夜,人家吃喝玩乐,你们加班干活,待遇不比你们差,说不定挣钱比你们还多。"

　　这就是编辑给人的印象。

　　在社会普遍追求名利,讲究个人价值无条件最大化实现的当下,衡量一个人成就的大小,标准其实是多维的,没必要强求一律。

　　作为媒体人,采写了一篇好稿子,编辑了一个好标题,策划了一个好选题,点点滴滴,就是成就,努力没白费,有快感、满足感,心情愉悦,这就够了。

[成就感]释义:

指一个人做完一件事情或者做一件事情时,为自己所做的事情感到愉快或成功的感觉,即愿望与现实达到平衡产生的一种心理感受。

——360百科

成就感是一种心理感受,这与我的价值观相符。马斯洛需求层次理论的五个维度中,最高层次是自我实现需求。自我实现需求,我理解就是一种心理感受。欲望无止境,客观理性对待,才能正确看待成就。

刚入行时,业界处在"铅与火"(传统铅字排版印刷)时代,排字工人靠一双手,一个字一个字拣,一块版一块版拼。没有电脑,编辑记者全凭一支笔、一页纸办报。

学有榜样的是,二版主编石屏老师,严谨求实,兢兢业业,编辑水平无与伦比。他的拿手好戏是写小言论,习惯用小楷毛笔,戴着老式的圆圆老花镜,倚马可待,立等完稿。

他对年轻人要求甚严,编写的稿子交上后字斟句酌,反复修改,每次改完必打回让从头到尾重抄一遍,循环往复,看似意义不大,却锻炼了一干练习生编写新闻的基本功、坐冷板凳的意志力。自己受用终生。

他在申报副高职称的"业务自传"中写道:"我奋斗36年,并非那么出色,更无惊人之处。但路没有白走,在学识水平和业务能力上毕竟有了大的提高,对新闻工作从'必然'转变到了较大的'自由'。"

文存笔尖,青灯不灭。没有这样奖那样奖,"更无惊人之处",但用一辈子诠释"因为热爱所以坚持"的信仰,你能说石老师没有成就?

三十功名尘与土,八千里路云和月,一生奉献给热爱的新闻事业,是他最大的成就!

时光流逝,报纸名称在改,报型大小在变,黑白变双色、变彩版,"光与电"(激光照排、电脑输入)、"数与网"(数字化、网络化)时代先后到来,但编辑当"排雷员""守门员""为他人作嫁衣裳"的职责没变,"功成不必在我,功成必定有我"的使命担当依旧。

业界有声,说记者是报纸第一生产力。确实,东奔西跑,冲锋陷阵,上可进庙堂,下能入江湖,深入现场采访,倾听各界声音,亲历重大事件,感受时代变迁。虽然苦和累,但风光无限,成就容易体现。

而编辑是一项"幕后"工作,他的成就是融入事业、集体中的,是体现在整张报纸这个作品中的。他是整个报纸出版流程中必不可少的一环,没有编辑的严格把关、精心加工,出版的报纸将是什么样,不堪设想。现媒体已公开署上了编辑的名字,但此举更多的是便于找到责任人。

因而编辑突出的特性不是"成名",而是一种责任。他是记者稿子的第一读者,默默无闻生产加工产品的工匠,报纸质量的最终把关人。受众看到或听到感兴趣的新闻时,有可能会关注谁写的,绝不会去看编辑是谁。相反,稿子有一点差错,就会抱怨:"编辑是怎么把关的!"

由此,如说记者是报纸第一生产力,那么编辑就是报纸的核心竞争力。他的成就是在寂寞中品味甘甜,在默默耕耘中感悟收获。

但无论怎样说编辑的重要性,仍存在"身在曹营心在汉"现象，特别是一些碌碌无为之人，认为干编辑工作受累吃亏，无名无利，动辄一句集体的功劳就打发，成就感不易体现，评职称时往往一脸尴尬，不像记者随时拿得出像模像样的作品，因而，屁股坐不住，耐不住寂寞，不愿当编辑。

从个人角度看，这种想法有一定道理，编辑也是人，有七情六欲，上有老下有小，决策者应当重视编辑的劳动，高看一眼，厚待一分，在可能的条件下，采取必要措施，切实提高编辑的地位和待遇。

古人讲"文以载道""文章千古事，得失寸心知"。作为"无名英雄"，编辑要尊重自己而不要贬低，要尊重付出劳动的价值，而不要轻视。

但成就感究竟体现在哪些方面？自己过上改稿、熬夜、签大样的日子后，此问时常萦绕脑中，感到这是一道必答题，更是一个需要用经历去回答的问题。

以我在编辑岗位三十余年的经验总结，成就感主要体现在这几个方面。

第一，践行"政治家办报"思想，不出政治性差错。正面提出"政治家办报"，据吴冷西《忆》所述，他1957年6月上任《人民日报》总编辑，毛泽东同志召见胡乔木和他时说："写文章尤其是社论，一定要从政治上总揽全局，紧密结合政治形势。这叫作政治家办报。"

著名新闻理论学者陈力丹在《谈谈政治家办报》一文中对如何理解"政治家办报"有精彩论述："我们要求记者编辑是政治家，当然不是真的当政治家，而是在观念上、知识上要站在政治家的高度看问题，在这个意义上，记者确实应有'无冕之王'的精神态势。你不是总理，但你要站在总理的高度看问题，你不是总书记，但你要有总书记的大局意识。"

从实战出发，我理解，政治家办报，就是要坚持党性原则，要有政治敏锐性和政治鉴别力，坚持正确的政治方向、舆论导向、价值取向。

报纸上的政治性差错，大致表现为五种：一是观点、提法、解读与党的路线方针政策、全社会崇尚的价值观不一致，甚至背道而驰；二是容易被忽视的图片、插图、漫画等视觉元素丑化异化，比如被全网声讨的"毒教材"事件；三是未遵守"八项规定"对新闻报道的要求，比如陪同人员过多，报道字数超长；四是党政领导人的职务、姓名等基本要素搞错，比如将"区长"写成"副区长"；五是版位安排不当，尤其是对有关党政领导人的报道不讲规矩。

政治性差错是报纸的致命伤，产生的不良政治影响难以估量。重则停刊，领导"下课"，责任人受处理。更严重的是损害报纸的公信力。

第二，不编发"低级红""高级黑"报道。"低级红""高级黑"本是网络流行语，上了政治文件后，新闻媒体作为纪律要求，把握其内涵和表现成为编辑的基本功。

官宣公众号"浙江宣传"将《"低级红""高级黑"的六种形式》概括为：夸大其词、无脑吹捧的"浮夸风"；用力过猛、任意拔高的"脸谱化"；自我美化、弄巧成拙的"唱高调"；明褒实贬、暗含讥讽的"软刀子"；含沙射影、指桑骂槐的"放冷箭"；上纲上线、小题大做的"扣帽子"。

比如，有意或无意把党的信念和政治主张简单化、庸俗化，站在个人立场上，认为自己的言行是"替党说话"，不顾及群众反映，用无知或极端态度"唱高调"，质问记者"你是在替党说话，还是在替人民说话？"之类。另一种是"脸谱化"，树立"高大全"形象，夸大事实，无原则吹捧，引人反感。某法院网文称,一女干警"28天连续加班,没换过衣服没洗过头",这显然违背人情常理。还有"三代烟草人的传承与守望",更荒诞可笑,谁不知烟草行业是国企中的"顶流",不站在普罗大众角度思考,难免"低级红"。"高级黑"往往包含着不可告人的目的,在语言上更讲究技巧、更华丽幽默,甚至披着学术外衣,伪装性更强,或是极端化地解读党的理想信念、宗旨、方针政策等,欺骗性强,尤其需要警惕。

第三,成功组织指挥报道,出采写点子。编辑部是报纸编采排版的指挥部,组织指挥不仅是老总们的事,编辑是其中一员,负责出报道意见、策划方案,发挥掌握意图、信息多元、进展明了优势,是报道成功的关键。切忌闭门造车,来稿编稿。

《巴渝都市报》编委会策划的《涪陵山水画卷》《走进乡村看小康》《深化脱贫攻坚 我们一起行动——新闻扶贫大型公益活动》《壮阔东方潮 奋进新时代——庆祝改革开放40周年》等重大主题、活动、节庆报道,无不是编辑发挥主观能动性、总揽全局、把握时效性、出具体报道方案的结果。

第四,把得好关,堵得住错。有人认为编辑就是砍砍删删、勾勾画画,其实不然,没有金刚钻,哪敢揽瓷器活?编辑是产品加工师、质量检测员,是排雷员、守门员,容不得半点马虎,如履薄冰、如临深渊,是其工作状态。既要严把政治关、导向关、价值观,更不能把错误的、违背常识的稿子发出去。

报上的差错除政治性差错外,主要有事实差错、文字差错、标点符号滥用等。事实差错主要表现在五个"W"和一个"H"(即时间、地点、人物、事件、原因、如何)交代不清或搞错。而文字差错占比最大,病句,语法不通,错字、别字、生造词语,谐音字、象形字最易出错。在许多敏感时期、关键时刻,编辑把关堵错的功底如何立见高下。

2004年，事业单位改革，同时面临国家对报刊治散治滥，本报社位列其中，在人心惶惶局势紧张中，编辑部异地出报未发生任何差错，与有一批政治业务素质高、能把关堵错的编辑队伍分不开。

第五，培养记者，并为其做好服务。编辑是记者稿子的第一读者，有旁观者清的客观理性，除修改稿子、制作标题、补充事实、纠正错别字等日常功课，使原稿锦上添花外，厉害的是，将被记者忽视、淹没在大量事实中的新闻提炼出来，单独编发成篇，或从中发现一个好点子请记者再单独采写，这功夫绝非偶然。

比如当年有名的《当官不为民作主，不如回家烤白薯》《天安门事件不是反革命事件》等新闻名篇，就是编辑从素材中提炼编成。相信记者看后定会击掌叫好。

从我做记者的体会看，能遇上好编辑，作品获奖或受好评，一半的功劳是编辑的。只要认真琢磨见报稿，就能发现里面有不少写稿的要领和诀窍。另外，编辑掌握稿件的生杀大权，尊重记者的劳动成果，不要怕麻烦，用心为记者服务好，是编辑的本分。比如编辑要主动与记者交流、沟通、"热线"联系，互相传递信息，反馈意见，出点子，报选题，对双方都是百利而无害的。我这样当编辑，至少有3名年轻记者成长为报社的中坚力量。

编辑的成就感是多方面的，但它本质上是一种奉献，是一种名和利的牺牲，是一种责任，只有淡泊了名利，才能全心全意去做编辑。获得了长江韬奋新闻奖的那些大编辑，成就斐然，但他们只是在业内甚至自己单位里有名气，社会上知之者甚少，与演艺明星所获名利更是无法同日而语。

新华社编辑姜军谈到编辑的成就感时，讲了这样一段话：

"编辑是可以有所作为的。他的劳动和记者的劳动结合起来而产生佳作,编辑当然会感到成功的快乐。尤其看到稿件被其他报纸采用,或被评为好稿时,为其付出大量劳动(出点子、取标题、改导语甚至全文改写等)的编辑,内心的愉悦甚至超过记者。付出的劳动越多,这种愉悦感就越强烈。虽然没有署名,同样有成功之感。"

名记者陈芸说:"成就与成名是不能画等号的。唯其没有署名,这种成就感就更加纯粹,因为这里毫无虚荣心作祟。"

在新时代的大背景下,有这样默默耕耘、不计名利的新闻人,固守"黑白颠倒"的日子,日复一日地坚守初心,担当使命。他们是文字、图片、美术、组版编辑,制版员工、印刷工、发行员……他们一代一代薪火相传,是新闻事业生生不息的软实力,是重要的"非物质文化遗产"。他们用行动诠释什么叫"因为热爱所以坚持"。

第四章　丹青妙手　策划为先

执行力，报道策划之核

上班时间，我路过副总编办公室，被叫住，她正为一个上级交代的意向性选题动脑筋，一番探讨后，我建议组织实施一组同题组合报道。"同题组合报道？"领导一副诧异神情，听完解释，同意！题目定为"市民，你的文明意识如何？"

当时，我任职总编室，每天忙于编采部门不愿干的事务性工作，策划不是分内职责，但领导吩咐后，很快拿出策划方案初稿。秦超、向安勤、李夏、杨玲等骨干编辑记者领衔采编。文图见报后在大会上受到地委领导表扬，读者反响热烈。报道荣获重庆新闻奖二等奖。

这是我早年正式参与的一次报道策划，有方案、有组织、有总结。我当了一回幕后英雄，记忆犹新。此次策划报道，为2020年涪陵荣膺"全国文明城区"做了舆论开路先锋。

新闻媒体，最早打出"策划"二字，是电视台。1993年，中央电视台推出的早间栏目《东方时空》，后推出的《焦点访谈》等，就是精心策划的产物。彼时，许多报纸的思想活跃者加入电视的策划活动。"策划流行，策划走俏，成为90年代中后期中国电视业一道新的景观。"一位由报社记者改行搞电视策划的人士说。

应势而动，顺势而为，作为最基层的报纸，也有了策划意识并付诸行动。

之前的编采活动，地市报盛行印发《宣传报道意见》，一月或一季度一次，面向全体编采人员和通讯员，内容是原则性的宣传纪律要求和报道方向，没有策划选题或方案。但编辑部一般有一份业务探讨性质的内部印刷品《通讯与发行》，主要就编采得失谈心得和经验教训。由于没有策划，此类内刊就有事后诸葛亮的硬伤，如策划在前，报道定会提升一个层级。

后各类新闻业务刊物如雨后春笋，评职称要在公开出版刊物上发文章才被认可，内部印刷品渐渐成为历史。

《涪陵日报》更名前的2003年，出版了历史上首个珍藏版，我具体负责起草策划方案，从组织实施、版面安排、进度控制，一一向编委会报告，并独立承担70余个版的文字编审和统筹把关，3月13日报纸出版后，被区级许多机构收藏。

回顾此珍藏版的策划，热情勇气可嘉，正如《刊首絮语》写的："沐浴着改革开放的春风，涪陵新区走过了不平凡的五年。五个春夏秋冬，一千八百多个日日夜夜，有多少记忆难以忘怀，有多少故事值得珍藏。今天与您见面的《涪陵日报·珍藏版》，是本报献给涪陵区的生日礼物，是全体报人对涪陵区第二次党代会和第二届人代会、政协会的热烈祝贺。"

但从新闻历史长河审视，选题切入点不精准，此时间点既不是直辖市成立日，也不是涪陵区成立时，只是区"三会"开幕。76个版的内容，除封面外，2版放党和国家领导人视察涪陵的图片，3版放区委书记和区长致辞，4版是区情介绍，5版是涪陵新貌，6版是文人墨客的诗词歌赋，其余70个版全是广告软文，各单位、企业自吹自擂。现今翻阅，内容惨不忍睹，乏善可陈。这是一次失败的策划！

当时报界流行厚报之风，基层传统媒体广告经营呈星星之火燎原之势，但春节刚过，一年广告淡季来临，迫切需要跟风造势，故有此策划。唯一让人欣慰的结果是，报社大赚了一笔。

自此一役，我意识到，办报讲策划为先，内容为王，才能真正让今天的新闻成为明天的历史！

将策划提上议事日程并形成机制，是在《巴渝都市报》创刊后。从具体选题入手，扩展到专栏、专版、栏目，以及年度选题、重大节庆、主题报道，事先都要进行策划。编委会还要制定年度"新闻日历"。有段时期还成立了专门的策划部门，重视程度由此可见。

可惜的是，专门的策划部是短命的。事后剖析，策划部与其他编采部室在权责上是并列关系，假设它提供的方案可行，仍需要编采部室执行，在媒体内设机构日益官僚行政化的趋势下，没有从属关系制约，不说易内耗，至少是各自为政。

而策划方案需要执行者创造性的劳动和配合，各自为政能顺利生产出产品吗？质量与可读性有保障吗？值得怀疑。所以，回归到赋予编采一线部门策划职能，方案提交编委会通过后联动执行，才是可行和科学的。

媒体如此重视新闻策划，本质上是以内容为王，报道要不断创新的内在要求。需要进行策划的题材，一定是具有重大社会意义和影响的事件、活动、人物、现象，经过策划，可以深化报道内容，更加突出其价值和主旨，满足读者阅读水平不断提升的需求，同时扩大媒体自身的影响力和传播力。

但策划一直存在一个硬伤，那就是，策划方案到底该怎样写？各执一词，莫衷一是。草拟提交的方案五花八门，共同点是讲清楚了为什么要策划本案，如何刊出。但巧妇难为无米之炊，最应让编采人员心中有数的——写什么？怎样写？大多未说清楚。

2018年，改革开放40周年。各级媒体结合本地实际精心策划，推出主题报道，庆祝这个伟大的时刻。《巴渝都市报》策划方案如下——

庆祝改革开放40周年大型策划报道

以涪陵在改革开放40年大潮中的人物故事（标志性人物最佳）为主，辅以事件故事，展现涪陵在改革开放中波澜壮阔的奋进史。以人物故事带出人物所在行业的发展历程和当下状态。总基调客观真实，生动自信，能从故事中读出经验教训更佳。

一、栏目名称

《壮阔东方潮　奋进新时代——庆祝改革开放40周年》

二、报道时间和版量

从7月份开始见报，直到年底。每周推出2期（周二、周四见报）。预计采写近50个人物或事件。

版量：每期一个版。

三、版面内容

1. 主稿：一个具体人物的故事，2000字左右。

2. 主图：以主稿人物为主，代入场景。

3. 辅稿：新闻背景或概述人物所在行业的前世今生，控制在400字以内。

4. 配图：人物所在行业或单位的图片，3张左右。

5. 视觉版：如区上组织改革开放40周年成就展之类活动，摄影记者负责翻拍，刊推图片版。

四、文图要求

1. 主稿采写一个具体的人物（或事件）在改革开放中所做

的事情和经历的过程,或取得的成就。避免记流水账,要呈现人物的观点或思路举措。

2. 主稿要有纵深感,通过空间、时间来设置场景;通过主要人物、次要人物搭配,背景资料的运用,反映这个人物所在行业或职业的特性和经历的风云变幻。

3. 辅稿文字可以感性一些,活跃一点。

4. 图片除拍主人公现在的图外,要提供改革开放以来他自己的留影。

五、采写对象(编采提供线索人物,报编委会确定)

1. 找见证涪陵榨菜("一碟菜"是原涪陵"九朵金花"之一)变化的人,讲企业的发展经历了哪些艰难困苦、未来企业的走向。

2. 原涪陵城中山路一带遍布日夜亭,红红火火,关注其为何在改革开放和市场大潮中消失了,代表性人物今何在,有哪些经验教训可吸取。

3. 涪陵最早的外来投资者是谁?有哪些故事?

4. 原世忠乡(现江北办事处的地盘)是涪陵最早实现包产到户的乡,找到亲历者,听他(她)讲述当时包产到户的故事。

5. 教育改革内容多,跟教委联系找亲历者或标志性事件。

6. 涪陵最早设立的街道是哪个街道?为什么要设立?找出亲历者,听他(她)讲故事。

7. 找一个护工,讲述他(她)眼里医院和患者的变迁。

8. 找快递小伙,听他讲什么时候开始出现快递行业、从业的酸甜苦辣。

9. 找小面馆老板,反映人们的吃经历了哪些变化。

10. 找棒棒,什么时候开始进城,行业现状如何,经历了哪些人和事,报酬经历了怎样的变化。

11. 找环卫工，从拿扫把扫地发展到洒水车等机械化工具，反映城市的变化。

12. 找在涪工作学习的外国人，讲亲历涪陵的变化。

13. 找在涪当兵的军人（可以找武警或者消防员），最好找熟悉军分区（人武部）变迁的人。

14. 找商场营业员，讲人们购物方式的变化、电商的冲击。

15. 找熟悉国企（涪陵建陶厂）的员工，讲企业的建立、变迁故事。

16. 找大学生村官，讲如何考上村官，村官的喜怒哀乐。

……

大家提供点子线索。

六、新媒体推送

1. 爱涪陵 App

设计栏目《壮阔东方潮　奋进新时代——庆祝改革开放40周年》。设计时将"征集令"放进栏目："如果你是涪陵改革开放某一领域的亲历者，或保留着珍贵的资料、照片，请拨打电话72862412联系我们。"稿子首发在《精选》板块，可比报纸多用图片，后放到《专题》栏目内。

2. 微博

考虑到字数受限，计划在稿子见报当天或一早编发一条以"庆祝改革开放40周年"为话题的稿子，文字尽量精练，突出图片。可根据稿子优劣，制作长微博或九宫格。推送后，编辑负责搜集整理网友的留言，并发送给相关记者和报纸编辑部，便于整理刊用。

3. 微信

设专栏《庆祝改革开放40周年》，发送即将见报的稿件（注意要跟报纸编辑部核对），同时发出"征集令"。

4. 巴渝传媒网

首页设计栏目《壮阔东方潮　奋进新时代——庆祝改革开放40周年》。注意将"征集令"放进去，点进二级页面后设计成专题页面。

七、由采访部排出采写时间表和记者分工。

八、后续宣传

本次策划报道结束后，刊推一篇报道综述进行总结。争取组织一次研讨会，可以与区社科联合作，对研讨会进行报道并整理与会者（配图）发言刊推。

二〇一八年六月十日

邮箱:FLBYDSB@163.com
2018年9月14日 星期五
壮阔东方潮 奋进新时代 庆祝改革开放40年
巴渝都市报 5
责编:方玉洁 编辑:杨肖 美编:余勤 图编:陈世新 组版:陈莉 校对:石东

74岁老人周文发讲述包产到户的故事——

从“共同贫穷”到“越来越好”

1978年12月召开的中国共产党第十一届中央委员会第三次全体会议拉开了波澜壮阔的农村改革帷幕。在全会精神指引下,涪陵大规模进行了农村经济体制改革,农村面貌发生了翻天覆地的变化。

中国的改革发轫于农村,周文发是亿万亲历者之一。40年沧海桑田,唯有脸上的皱纹映出岁月的痕迹,谈起包产到户的那段往事,74岁的周文发如数家珍。“从吃着‘大锅饭’到包产到户,那些年的事情忘不了啊!”周文发打开了话匣子。

江北街道田园风光

周文发向本报记者讲述包产到户的往事

困境
“大锅饭”里的共同贫穷

周文发是蒲世忠乡(现合并为江北街道)邓家村人。从1976年至1999年,周文发连续担任了23年的邓家村7组的生产队队长。在这场农村经济体制改革中,他既是见证者也是经历者。

“那时候,村里穷得叮当响,不少人家吃了上顿没下顿。”周文发说,在没改革之前,村里实行“大集体”“工分制”,吃着“大锅饭”,大家辛辛苦苦种出来的粮食,全部上交给集体,集体再按照村民所积的工分,把粮食分发下来,在缺油少肉的那个年代,根本不够吃。

周文发说,那个时代,科技水平落后,种植技术也很原始,粮食产量很低,一年种早稻、晚稻两季,1亩两季总产量还不到800斤,能分到的口粮也就更少了,吃不饱是常事。

“‘大集体’的时候,什么都是平均分配,反正干多干少都一样,谁都没有干劲儿,上工也不好好干活儿,‘磨洋工’耗时间。”周文发说,那时候,真的是共同贫穷,吃饱穿暖成了大家共同的愿望。

转折
党的十一届三中全会召开

谈起生活在“大集体”的滋味,周文发频频摇头。当问及什么时候开始改变,周文发没有丝毫的犹豫,脱口而出:“党的十一届三中全会召开之后,这是一个重大的转折点。”

周文发回忆道,党的十一届三中全会召开后,邓家村开始实施家庭联产承包责任制,也就是包产到户,但这个改革并不是一开始就全面铺开,而是分步骤实施的。

周文发介绍,最开始是实行“水统旱包”,就是水田以小组为单位,由每组小组长负责集体耕种,当时生产队共分3个小组,旱地则是分配下户;到了次年,水田才由集体耕种改为分配下户。

村民有了地,生产积极性空前高涨,每家每户都精耕细作。周文发说,实行包产到户后,村民们种地积极性普遍提高,出现了比着干活的现象,都希望自家的责任地获得高产。大家交够国家的,剩下的就是自己的,收成好不仅不会饿肚子还能有余粮,日子就这样在不知不觉中好了起来,再加上喂猪喂鸡,虽不能顿顿吃肉,但肚子里油水多了。

难题
丈量分配田地引发矛盾重重

实行包产下户,如何丈量、分配田地,成了最大的难题。周文发想到当时丈量、分配田地时所引发的矛盾,不禁皱起了眉头。

邓家村村民在管护青菜头(资料图)

“当时,村民们听说实行包产下户,个个都积极拥护,高兴得很。”周文发说,但到了如何丈量、分配田地时,就引发了很多矛盾,每个人都想分到肥沃且灌溉条件好的田地。

周文发说,邓家村7组有一个很特殊的情况,在1964年“社教”运动时,把两个生产队合为了一个生产队,所以人口多、地域广,在丈量、分配田地这个问题上更是难上加难。

周文发已经记不清为了更好更公平地丈量、分配田地开了多少次群众大会,也记不清为了调解纠纷串了多少次村民的家门。

最终大家确认了按照田地肥瘦及产量的多少来搭配进行分配,分配顺序由村民自行抓阄决定,最大程度地确保分配田地的公平公正。“当时生产队约300人,田地共300余亩,每人大致分1亩的田地。”周文发说,分配好了田地,才是真正地实行包产下户。

实施农村经济体制改革促进了农民从自给自足的小生产向发展多种门路的商品生产转变,大家手里有了钱,修房造屋、购置生活用品,日子一天一个样儿。

憧憬
今后的生活一定会越来越好

进入二十一世纪,中国农村发生了翻天覆地的变化,邓家村也不例外。公路通了,生活生产用电通了,农业税取消了,“村村通”有线电视进农家……一系列的巨变带给村民的是生活水平实实在在的大幅攀升。

谈及改革开放以来农村的发展变化,周文发感慨地说,包产到户的实行,农村改革的不断推进,使得40年来农村发生了翻天覆地的变化。“生活水平提高了,大家推崇的不再是手表、缝纫机、自行车‘老三件’,现在流行的是洗衣机、彩电、冰箱、手机‘新四件’,顿顿有肉,晚上可以看电视,还能随时打电话,这些在改革开放前是想都不敢想的。”周文发说,现在国家政策好,有医疗保险、养老保险,日子过得有滋有味。

党的十九大报告指出,“保持土地承包关系稳定并长久不变,第二轮土地承包到期后再延长三十年。”这给农民吃了定心丸。“如今的好日子,都得益于党的改革开放的方针政策,我对未来充满了信心,坚信今后的生活一定会越来越好。”周文发满脸欣喜地说。

□相关链接

包产到户最初叫家庭联产承包责任制,是由安徽省凤阳县小岗村的十八个农户最先开始实行的。中国农村集体经济组织实行的一种生产责任制度。由于是以农户为单位负责完成整个农业生产周期内的全部生产任务,劳动的最终成果和承包户的经济利益联系比较直接,因此有利于改进技术,提高产量,促进生产力的发展。

1978年党中央召开十一届三中全会,在决定把全党工作重点转移到经济建设的同时,发出了《关于加快农业发展若干问题的决定》和《关于进一步加强和完善农业生产责任制的几个问题》等一系列重要文件,于是涪陵地区大规模地进行了农村经济体制改革,从实践中创出了各种形式的生产责任制,包括小段包工定额计酬、专业承包联产计酬,联产到劳、包产到组(户)、包干到户等,强调统分结合,基本方式是分户经营。但都是坚持生产资料(主要是土地)公有制长期不变、坚持社会主义集体化道路、坚持“三者”(国家、集体、个人)兼顾为前提的。这一重大变革,使农村生产关系适应了生产力水平,主要是扩大了农民的自主权,克服了管理上的高度集中、平均分配的种种弊端,极大地激发了农民的生产积极性,农业在短时间内发生了巨大变化,并开始向专业化、商品化、现代化方向转变,社会主义农业显示了强大的活力。

文/记者 蒋莹 图/记者 李辉

◎《巴渝都市报》2018年9月14日5版

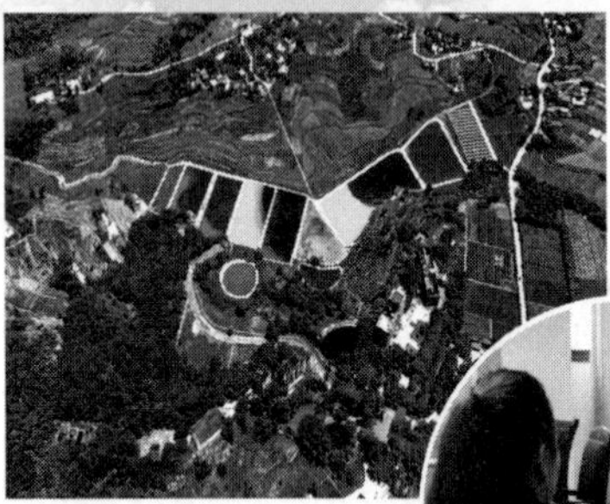

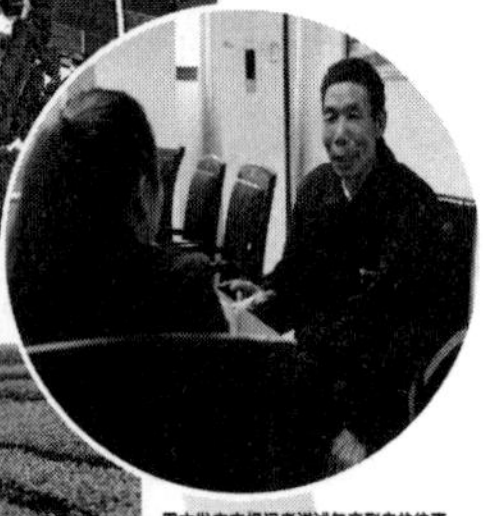

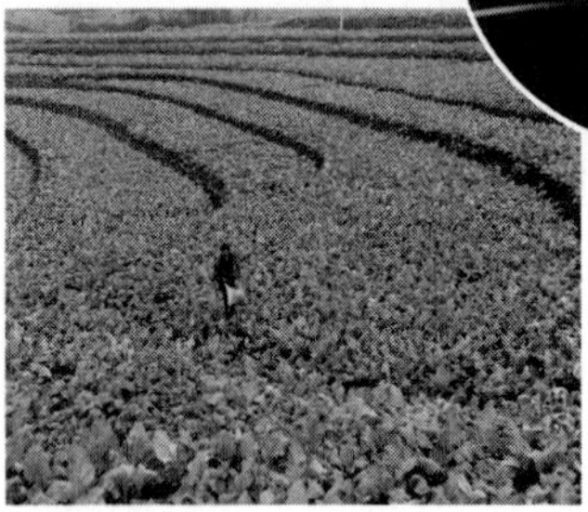

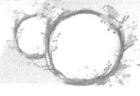

此方案由我执笔完成，提交编委会讨论后得以执行。与之前最大的不同是，此方案着眼于写什么？怎样写？如何推广？让操作者心中有数。报道推出后，获 2018 年度重庆新闻奖系列报道奖。

能获奖，定有它的独到之处。从受众角度看，系列报道大部分人和事是第一次上报纸——《74 岁老人周文发讲述包产到户的故事——从"共同贫穷"到"越来越好"》《父子两代延续"涪陵小面"的时代风味》《从 1 个到 56 个"老园林"见证涪陵园林绿化巨变》《一位营业员的时代印象》《从一个科室的蜕变看涪陵医疗事业发展》等等，亲历故事讲得生动可信，读者津津乐道；就媒体自身而言，选题关注度高，事实挖掘深入，拓宽了报道面，争取了读者，版式风格协调统一，视觉冲击力强。

策划报道不仅读者喜欢，编辑记者更是一次次感受到它的独特魅力。

从 2015 年以来，《巴渝都市报》先后推出了人物策划报道《谁不说咱涪陵好》《铭记三部曲——走近涪陵支援湖北医护人员》，活动策划报道《社长总编走基层》《深化脱贫攻坚 我们一起行动——新闻扶贫大型公益活动》，事件策划报道《涪陵山水画卷》《纪念抗战胜利 70 周年》等一批叫好又叫座的大型主题策划。

在我的新闻理念中，基层媒体的新闻策划毫无疑问应选择重大主题或事件，但切入的视角要小，不一定非要宏大叙事，高屋建瓴，关注身边的人和事，挖掘其在时代浪潮中不一样的境遇，倾听其微弱的声音，体现人文情怀，让人看到前行的光亮，报道会更有魅力，更接地气。这在新闻采访学上有据可寻，即"平常人+不平常事=新闻"，换言之叫一滴水见太阳！

湖北日报传媒集团高级记者张孺海在《新闻策划案例》自序中写道：新闻策划是新闻发现、挖掘、放大新闻价值的有效手段，新闻策划能力是新闻从业者和管理者的基本功，提高新闻策划能力与水平，应该说是新闻从业者与管理者孜孜不倦的追求。

实操中，新闻策划能力与水平固然很重要，但我发现，策划执行力更不能偏废，执行力强，执行到位就锦上添花，否则就是歪嘴和尚念经，弄巧成拙。

首先是记者的执行力，事先参与了方案的讨论制定，甚至提供了自己发现的有价值的线索和点子，但对成形的执行方案不认真领会消化，囫囵吞枣，凭自己的理解和想象采写，现场获知和向人讲述的事实精彩，下笔表达时却是另一番情景，讲述的那些精彩事实不写进去。

编辑的表现是，照本宣科，不允许来稿与方案有丝毫差异，对调动多种版面语言和工具突出呈现策划主题缺乏深入思考，整合文图不到位，最终给人散乱印象，看不出是策划报道。

2008年是奥运年，编辑中心主任谢婧执笔完成本报"第29届北京奥运会报道策划书"。

方案从报道宗旨、方式、时段、版面安排、栏目设置、版式、标题如何呈现，甚至资料链接、后勤、技术保障等都给予了明确，从中可见一位资深编辑的策划功力。

谢婧毕业于山东大学历史学专业，求职在全国因第一个取消"人民公社"而声名显赫的川西向阳镇，也许是不适应异地环境，调回家乡涪陵日报社工作。她策划的《纪念抗战胜利70周年特刊》，采写的长篇通讯《十三年书写"帮扶答卷"——涪陵区编办真情扎根长冲村》，创作的《成语+百家姓》《国学人物+古诗》《论语+唱古诗》等20多件作品在深圳电视台《国学小讲堂》栏目播出，给人印象深刻。后高升到涪陵广播电视台当领导，她主导策划的《涪州纪事》《钩深大讲堂》两档文史栏目，历史厚重，文气沛然，尤其受到文化人青睐。这与她温婉的书卷气质相符。

她的方案中，重头戏是8月8日开幕式出特刊"看奥运"14个版。

我和另一位编委秦超总值班，负责当期报纸终审。我主要负责特刊总体把控。1版是封面，2~11版是新华社电稿，12~14版是本地稿。原则是把开幕式做深做透，把本地稿做出特点。

14个版统一用"看"字作报眉，后缀有"奥运全景""奥运故事""中国辉煌""心中有数"，三个本地稿版后缀为"心动一刻"。新华社文图众多，编辑选择余地大，严格按策划方案选定。

费脑筋的是，本报记者采写稿，方案给出的方向是"心动一刻"，没有具体的选题，我与编辑一起从来稿中选用了《英雄父母看奥运　了儿生前梦》《众多"福娃""闹"奥运　准妈妈奥运开幕日抢生奥运宝宝》《我是北京奥运会城市志愿者》分别作三个版的头条。前两条为记者所写，后一条是编辑约稿、涪陵籍在京大学生提供的。事后，编采人员都说，这是认真领会策划方案后的结果。

考验人的是封面版，夜班编辑们各抒己见。我提醒看方案咋说的："开幕式报道是'看奥运'特刊的首期报纸，8月9日报1版要用一幅大照片，版式要与平时有别，尽量少其他内容，风格要简洁，夺人眼球，报头可以放在下半部。"

这是经过编委会讨论确定的内容，是智慧的结晶。我们竭尽全力执行到位。

新华社图片选了一张又一张，版式制作了一版又一版。我考虑报型是加长瘦身版，最终拍板选用了竖图——圣火点燃　照亮鸟巢。

此版面荣获中国地市报新闻奖（2008年度）优秀版面奖。

采访现场、编辑时刻，紧张忙碌，每个人的认知水平不同，看问题角度不同，业务素养和知识储备更不一样，民主集中制此时尤其适用。集中不是集中到主编或老总怎么说，而是集中到策划方案上，它可以在一团乱麻中迅速帮你理出头绪。剩下一件事，就是执行到位！

办报同样是遗憾的艺术，最忌讳事后诸葛亮，因它于事无补，徒添怨言。

◎《巴渝都市报》2008年8月9日1版

《巴渝都市报》创办始末

1995年1月,四川日报社旗下的《华西都市报》创刊,它全面系统地创立了报纸市场化的运作理念和全新的竞争策略,开启了中国报业的"都市报时代",报业迎来发展黄金期。

各级机关报竞相模仿,策划创办早报、时报、都市类子报形成风潮。到2005年,全国都市类报纸达到287种,平均期印数4852.3万份。

四川省的地市机关报几乎都创办了晚报或周末报,与本报同处三峡库区的万州日报社创办的《三峡都市报》,于1998年1月1日面世。

《万州日报》是一家踩着时代鼓点,智慧前行且极具影响力的地市报。它与《涪陵日报》在发展历程中有诸多相似之处——同为1950年创刊,在本地一家独大地走进20世纪90年代,随着改革开放的深入、行政区划的频繁调整,报业市场竞争加剧,晚报、都市类报异军突起,办报骨干人才流失。

面对此情此景,是故步自封,坐以待毙?还是从容自信,因势而谋,重新出发?它选择了后者。《三峡都市报》应运而生。两年多后,《西部观察》杂志创刊。报社拥有了"两报一刊"的媒体资源,摆脱了单一的党报结构,构建起差异化发展的传播格局。

这是传媒发展战略策划的胜利。

谁都没闲着。涪陵日报社此时也在努力,只是方向不同,在忙于生存举步维艰的印刷厂改革重组。我无资格参与其间,媒体人讲以事实为依据,不敢妄议评说。

此时，报社还有一个千载难逢谋求发展的机遇，作为三峡库区唯一整体移民搬迁的新闻机构，是国家新闻出版总署对口帮扶单位。有没有主动争取帮扶，不得而知，反正我未曾在报社见过一次北京来客。

一帮忧心于报社生存发展的编采人员有基本共识，那就是芝麻与西瓜的关系始终是一个永恒的话题，"拣"与"丢"要待时间检验。

印刷厂的重组无果而终。

机不可失，时不再来。2000年后，国家对党政机关报刊散滥和利用职权发行进行整治，又恰逢事业单位改革，涪陵日报社位列其间。

涪陵区委向重庆市委请示保留《涪陵日报》，按照实施方案，保留方式为划转到重庆日报报业集团，松散型进入，人财物仍由当地区委区政府管理，宣传业务接受集团指导。

2005年3月，出版55载的机关报《涪陵日报》停刊，永远消失在报业飘荡的风中。

据新华网消息，中央报刊治理工作协调领导小组办公室通过《人民日报》《光明日报》向社会公布，全国有677种报刊停办。其中重庆市有《党风廉政》《消防与生活》《重庆市地方税务公报》《城市质量监督》《重庆环境科学》5种期刊，《万州日报》《永川日报》《合川报》《江津报》《南川报》5种报纸。

千门万户曈曈日，总把新桃换旧符。创办一张面向市场的新报纸迫在眉睫。

时逢春节，三位新上任的老总废寝忘食，殚精竭虑，组织召开了社内外无数次研讨和工作会，倾听意见建议，集思广益。从申请保留报纸理由，谁来主管主办，到采用什么报纸名称，办一张什么样的报纸，经过半年多的策划，形成了一本策划书。

策划书主要内容包括：发展目标；报头、报徽、版式；市场分析；内容格局、栏目设置、名牌栏目培育；周刊编辑思想、版面格局；发行目标和营销模式；广告运作；设备技术保障；内设机构和专业人员配备；试刊筹划安排；等等。

谁统筹完成策划书已不记得。策划内容是否科学、条理是否清晰暂且不论，印象最深的是，从上到下，不少人对新办一张报纸自信满满，说"大伙都是内行"。

而我深深知道，事情不是靠信心就能完成的，考验全社"业务型干部"水平和执行力的时刻再次降临。

新报纸的创办与事业单位改革同时进行，其间的艰辛可想而知。只说取什么报名，就从原领导班子开始牵头策划，《巴渝早报》《巴渝时报》《涪陵晚报》等等，不一而足。

最后经主管单位拍板，全市原三家地级机关报确定为涪陵叫《巴渝都市报》，万州叫《三峡都市报》，黔江叫《武陵都市报》。

"都市报"，潮，时尚。"巴渝"二字重庆人懂，外地人不明就里，走出涪陵才知有多尴尬，又递名片又解释，半晌后，"涪陵，榨菜之乡"，最管用！好奇者会追问："涪陵？""不是陪陵吗？"

让全国人民乱读的"涪"字，确实是一个生僻字，发行量最大的工具书《新华字典》（商务印书馆第10版），对"涪"字的解读是"涪江，发源于四川省，入嘉陵江"。"涪陵"这个地名没能列入。《现代汉语词典》（商务印书馆2002年增补本）对"涪"字的解读是"涪江，发源于四川，流至重庆入嘉陵江"，也没有"涪陵"。城市改名之后，"山鸡变凤凰"的地方有诸多先例可循。作为区政协委员，2008年我提交《关于对"涪陵"进行改名的建议》，未能立案。

报名有了，整体策划也基本落地。试刊和创刊号的具体策划任务由我牵头负责,搜集参考资料,召开诸葛亮会,请书法家撰写报头,确立编辑思想,制定用稿标准,反复设计版式……报编委会讨论定板。

按国家新闻出版总署对《巴渝都市报》的批复,由重庆日报报业集团主管主办,办一张面向市场的区域性都市类综合报。

不再是党委机关报,意味着发行不再指望行政命令,报纸内容必须作重大调整。"面向读者,面向市场","我们别无选择,只有在市场搏击中开辟生存和发展的道路",策划书写道。

让一帮从来只管生产、少关心营销的机关报编辑记者,如何实现面向读者、面向市场的转型?创刊号的"总编辑致辞"昭示读者:"她定位于:立足涪陵区,面向渝东南,关注大重庆。""办报宗旨:坚持正确的舆论导向,服务三个文明,聚焦热点难点,突出区域特色,体现都市风格。""把报纸打造成巴渝大地上的名牌都市报是我们的目标。"

"我们这支团队朝气蓬勃,充满理想,富有激情,勇于创新。以求真务实的职业态度和敬业奉献、永不服输的报人精神,以阅读者、见证者、参与者、生活者的多重身份,去全力办好这份报纸"——

遵循都市报办报风格,采用瘦身加长报型,周7刊,基础版16个,天天与您见面;坚持"新闻立报",在与主城报媒竞争态势下当日新闻次日见报;整张报纸搞"标题革命",努力实现"题好一半文";设置言论版"巴渝论坛",树媒体旗帜;周末创办"色彩周刊",服务市民衣食住行游购娱;在周边区县设记者站,扩大影响力;与库区流域纸媒互供稿子……实现足不出户便可"知巴渝情,晓天下事"。

2005年3月24日,试刊号面世,8月26日,正式创刊。

试刊号上有《涪陵区拉开"清房"大幕 超标或多占房要遭

查　领导干部是重点清理对象》《"轰隆"大巴滚下悬崖　事发大溪河口　涪陵武隆联手施救》等新闻；创刊号上有《新的起点　新的希望　回馈广大读者的"巴渝都市报之夜"激情四射掌声如潮　所奉献的是您手中的48个版的创刊号》《昔日逃过日机轰炸　如今破损甚为严重　1.5万余册古书亟待修复》《移民型超市关爱移民》等新闻，都市报风格浓郁，读来心潮澎湃，夺人眼球。

　　回望新办一张报纸的策划，可总结的经验教训颇多。其中"面向读者，面向市场"作为操作思路、理念先锋，永不过时，但它对报纸的生存发展顾此失彼，甚至是致命伤。

　　从政治站位角度、战略策划高度上审视，"两个面向"带有强烈的书生意气和专业主义色彩。对不同社会环境下，媒体作为大众传播工具的认识生吞活剥。

　　从定位和宗旨可见，受当时全国都市报办报思路影响，报纸要走的是一条完全的市场化道路，甚至还有点贪大求洋的味道。包括自己在内，对一家受众面和发行范围有限的纸媒走此路是否可持续，队伍能否转型承担此责，尤其外部环境是否适宜，缺乏深入的思考和调研。

　　让人猛然醒悟，是在被领导诘问"到底会不会做时政新闻？"并批评"本地和尚念不好经"之后。

　　确实，一个行政区域内只有一家公开出版发行的报纸，无论是机关报还是都市报，都是党的喉舌，是宣传工具，都应当是"政治家办报"。

　　那么，切实担负起机关报职能，做大做强时政新闻，同样是名为"都市报"的应有态度和不懈追求！

　　印在报头的"知巴渝情，晓天下事"改为"因为本土　所以亲近"，做大做强本地时政要闻，新办4个版《今日涪陵》专刊，是《巴渝都市报》改版后办报思路的升华，是对党报基因和文化的传承，是区域性都市报的正确航向。

办报思路的转变，凝聚在我这篇思考文章中——

对地市级区域性都市报转型的思考
——以《巴渝都市报》的实践为例

所谓地市级区域性都市报，就是从原地市级党委机关报脱胎而来，或者是在地市一级新创办的都市类报纸，它以报纸所在中心城区为依托，跨越现有行政区域范围，以地区所辖的县市区为主要报道对象、主要发行范围。

结合《巴渝都市报》的转型实践，笔者对地市级区域性都市报如何转型进行了思考。

地市级区域性都市报转型的出发点：自身生存发展需要

1. 从报业市场竞争看

从全国第一张都市报——《华西都市报》诞生至今，已过去了十三四年，都市报这种新媒体在全国报业市场现已发展到了70余家，市场竞争激烈程度前所未有。其中重庆市场现有都市类报纸8家，老的有《重庆晚报》《重庆晨报》《重庆商报》，新的有《重庆时报》《重庆青年报》，以及2004年全国报刊治理整顿后，涪陵、万州、黔江3个原地级机关报转办过来的3张地级区域性都市报，即《巴渝都市报》《三峡都市报》《武陵都市报》。重庆报业市场的竞争同样是惊心动魄，硝烟弥漫，除主城外，3张区域性都市报所在地也早已成了主城各家都市报发行的兵家必争之地。

这3张区域性纸质媒体改办都市报后，由于行政区划的变动，与原管辖的县市区没有了行政隶属关系，采写报道、发行方式都完全市场化，主城的日、晚、晨、商等都市类报纸的发行轻松覆盖到区域性都市报所在的本地市场，以前办党报时靠行政命令发行的路又被禁止通行，再加上刚创办面向市场的都市报，心态绝对是诚惶诚恐的，这一切都是这几家新兴的区域性都市报生存发展的不利因素。面对这种新形势和有限的市场空间，抢占市场份额，拓展生存空间，成了摆在区域性都市报面前的首要课题。是勇敢面对竞争迎接挑战？还是畏首畏尾，自取灭亡？生存发展的出路到底在哪里？报纸转型命题的提出，无疑为区域性都市报指明了前进的方向。

2. 从地市级区域性都市报自身的办报历史看

地市级区域性都市报无论是从原机关报脱胎换骨而来，还是新创办，面对报业市场激烈竞争的新形势和要办的新的报纸，劣势显而易见，全国地市级办都市报的时间都短，经验、人才、资金、对市场的把握、对读者的研究，都不能与省级都市报相比，省级都市报都在积极转型，区域性的地市级都市报转型更是当务之急，义不容辞。以《巴渝都市报》为例，它的前身是《涪陵日报》，诞生于1950年4月。2005年4月转办都市报后，一切都是从原《涪陵日报》照搬过来，尤其最重要的办报队伍更是原样未动就开始办都市报。这样一种状态要想办出有市场竞争力的都市报，结果可想而知。哪还谈得上市场竞争力和生存发展？怎么办？转型命题的提出，可以说为区域性都市报找到了打开办报迷宫的钥匙，让人一下有了豁然开朗的感觉。

从以上两个方面可以看出，地市级区域性都市报转型，是自身生存发展的需要。为此在参加了2007年3月重庆日报报业集团10多家报纸专题研讨都市报转型的会议后，《巴渝都市报》党委和编委会多次开会，认真剖析了报社办报的现状后达成共识，认为转型不仅仅是上级的要求，更是我们这张在报刊治理整顿后好不容易保留下来的媒体自身生存发展的需要。转型才有竞争力，不转就会失去市场，报纸生存发展的路就会越走越窄。

地市级区域性都市报转型的着力点：解决两个基本问题

1. 形式上，主要解决机关报痕迹重的问题

机关报痕迹重，是地市级区域性都市报的一个共性，这与它自身办报历史的影响紧密相关。主要表现在：新闻的话语体系和在版面上的表现形式老套陈旧，尤其是对领导活动和会议的报道，仍然居高临下，说教式多，语言不生动，照抄照搬文件上的话太多，没有找准新闻点；标题制作空洞、口号化，没有突出新闻事实。为尽量消除这些痕迹，《巴渝都市报》首先从报纸的外观上与报业市场接轨，将版式改为国际流行的瘦身版式，标题字体字号、栏数等版面语言规范化、模块化，做到让人一目了然。都市报共有又不违规的服务性元素在版面上给予突出。投资改造印刷设备，保证每天有彩版见报。同时实施"磨刀工程"，组织采编人员进行新闻业务培训，要求运用都市报的写法和群众喜闻乐见的语言，把领导活动和会议报道中的新闻真正凸现出来，让人看了以后能接受并相信。标题制作突出新闻事实。尤其要下大力气抓版面语言上的文图并茂，让图片也唱主角，增加版面的视觉冲击力。

2. 内容上，主要解决小报化倾向问题

小报化倾向是都市报初办时的通病。特征是以社会新闻打天下，这本来没有错，但采编、刊发社会新闻的火候掌握不好，就会给人以小报化的印象。地市级区域性都市报由于它创办时间短，队伍素质亟待提高，小报化倾向更为明显。主要表现在社会新闻版面占得过多，黄、灰、黑报道多，负面新闻多，低俗、无聊新闻，意义不大可用可不用的新闻多，尤其是在都市、民生新闻及电稿、网稿的选用上把握不好。《巴渝都市报》解决这个问

题的思路和措施是，首先将报纸定位从"大而全"调整为区域性的"立足涪陵，服务周边，关注民生，面向市场"，让采编人员明确报纸是办给谁看的这个基本问题。同时严控编辑环节，"防炒作，去不良"，坚决不允许选用"虚假报道，有偿新闻，低俗之风，不良广告"被称为四大公害的东西，尤其不能热衷炒作负面的新闻。要求用主流的心态、健康的心态来报道事物发展的正面和有可能出现的负面。都市、民生新闻的选用以"正（正确的舆论导向）、高（高品质）、美（美好的感受）、好（好的反响）"为标准。一年多来，在这个标准的指导下，在时政新闻外的版面上先后推出《爱心共铸和谐》《千万市民文明行动》《送温暖，铸和谐》《爱心寻呼》等专栏，刊发《紧急寻找涪陵籍老红军后代》《拯救老师陈立行动》等一系列"正、高、美、好"的报道，受到了广大读者和重庆市新闻出版局阅评组的高度赞扬。小报化倾向得到显著改观。

地市级区域性都市报转型的根本点：做大做强正面报道

《重庆日报》总编辑牟丰京说，报纸转型的目的是求新求变，与时俱"转"，不转则衰，转型已成为新闻媒体可持续发展的必由之路。

都市报经过十多年的发展，现在已提出要打造新主流媒体。新主流媒体的一个重要特征是要做大做强正面报道。地市级区域性都市报实际上既担当了党委机关报的职能，同时又是面向市场自己找饭吃的区域性媒体，这种"双重职能"事实上决定了它更要做大做强正面报道，才有良好的生存环境，也才能真正得到当地党委政府的支持。这也是地市级区域性都市报转型的根本点。《巴渝都市报》在这个根本点上主要从抓"两个突出"入手。

1. 突出本地时政新闻，让其在都市报的版面上唱主角

时政新闻是做大做强正面报道的"风向标"。当地党委政府

的中心工作,党务、政务活动,领导活动、大小会议等,都是时政新闻很好的新闻源,找到这些工作、活动与广大民众和读者的兴奋点和关注点,采用都市报的写作手法,写出的新闻就不愁没有读者。《巴渝都市报》每期16个版,时政新闻占了6个版,除国内国际时政外,当地的时政新闻全部放前三版,套彩或套红,文图并重。报纸转型一年多来,立足当地党委政府,一是围绕工作全局和中心任务进行强势宣传,二是围绕重大主题、重大战役性报道进行主动宣传,推出了一系列声势强劲、舆论先行、效果很好的时政报道。先后在一、二、三版推出了《巴渝欢歌——贯彻落实党的十七大精神》《统筹城乡谱新篇　共建共享促和谐》《庆直辖十年　展涪陵风采》《清廉从政　服务发展》等一系列时政专题和专栏。这些专题和专栏都较好地体现了一个转型的责任媒体围绕中心、服务大局的办报理念,同时又注重用都市报的表现手法面向市场和读者,取得了党委政府和读者"双满意"的效果。

2. 突出强化正面报道的新闻策划,以增强舆论引导的有效性和影响力,营造有利于当地经济社会发展的浓烈舆论氛围

新闻策划是都市报常用的一种强化宣传报道和效果的手段。按照新闻媒体自己制定的新闻日历,新闻策划分为可预知的事件性新闻和不可预知的非事件性新闻。

突出强化正面报道的新闻策划,无论是事件性新闻还是非事件性新闻,《巴渝都市报》一律从正面和积极的方面进行策划,以增强舆论引导的有效性和影响力。从事件性的《推进项目　发展涪陵》系列报道,到非事件性的《新时期的罗盛教——英雄周波》的大视角全方位报道,都从都市报的视角强化了新闻策划,并都从积极的正面的角度、从社会意义向上的角度引导策划,同时做大做强,引起了很好的社会反响。《推进项目　发展涪陵》

的连续报道，突出了当地党委政府要在"十一五"期间打造以工业优势突出的大城市为目标的中心思想，报道做得有声有色，受到当地党委政府的赞扬，同时又有效地引导了全民为"目标"奋斗的社会舆情。"重庆报刊审读"对"英雄周波"的系列报道的评价是：主题鲜明，有时代性；社会影响巨大深远。报道的主人公周波荣获了2008年的全国五四青年奖章。

（作者 陈杨 原载《中国地市报人》杂志2008年第8期）

《投资涪陵》诞生记

思想是行动的先导。在摸索前行的路上，新办一张报纸的任务又来了。

涪陵建立李渡工业园区，口号产城融合。涪陵当时在重庆的战略定位是：一小时经济圈的东部增长极，辐射带动渝东北和渝东南的重要节点；重要的工业基地；中部的综合交通枢纽和商贸物流中心，长江三峡旅游服务接待基地之一；具有完善城市综合服务功能的山水园林城市。规划到2020年，总人口120万，城镇人口80万。其中城区人口70万，城镇化率70%，李渡新区（工业园区）人口规模32万。

主政地方的官员，五年一届，一届有一届的构想，萧规曹随，一个执政思路贯彻到底的，还没见过。

要实现当时的战略构想，招商引资成了头等大事。区委书记要求办一份面向投资者的宣传品，任务交给了报社。

经过论证和策划，报社拟出办一份半月刊《投资涪陵》的策划方案。编委会按照区委主要领导"介绍投资环境，解读投资政策,推荐投资项目,宣传投资成果"的意见,将其确立为办报宗旨。

设计刊头、版式、栏目,草拟创刊词,统筹、协调、收集区发改委和招商局有关发展环境、投资政策、投资项目、投资成果以及相关政策解读、招商引资成功的典型企业等的资料,派出文图记者采摄,区委书记亲自题写报头。

2008年5月28日,4开4版,彩色铜版纸印刷的《投资涪陵》正式出版,主要面向区级四大班子领导、有关部门、招商引资企业、客商、重点企业等免费送发。

创刊前半个月还有一段插曲。区委主要领导在区委中心学习组学习会上批评报社,布置了半年的办一份《投资涪陵》的宣传品没落实。在场的报社一把手心里直呼冤枉。草拟的策划方案已讨论了三次,需要配合的单位和主管部门迟迟没给出明确意见,才拖到被批评。

当晚,报社一帮人对《投资涪陵》的策划方案进行了第四次修改,形成了执行案。紧锣密鼓,集中优势兵力,半月后报纸诞生。具体策划出版过程,我在自己的博客中予以了记载。

《投资涪陵》诞生记

5月16日,周五,从北京参加培训回来上班第一天,屁股还没坐热。新闻办编辑蒋群力来汇报拟创办《投资涪陵》的情况,说领导挨了批评。13日当晚召开编委会,讨论细化创办方案,第二天请区发改委、招商局有关领导来研究创刊事宜。本报《编采动态》上记载了两天研究创办事宜的基本情况:

《投资涪陵》内刊由区委、区政府主办,区发改委、区招商局及《巴渝都市报》具体承办,每半月出版一期。会议讨论了各部门的职责和分工，按照高度重视、积极筹办、确保效果的要求，拟本月内出版第一期。

经请示区委副书记丁中平同意，决定组建《投资涪陵》编委会，分别由张宗发、杨剑、田厚明三位同志担任正副主任，报社副总编辑陈杨担任执行总编辑，蒋群力担任责任编辑，负责具体编辑出版工作。各部门落实了具体联络人员。

看了这期"编采动态"，感觉最好笑的是标题"贯彻落实不过夜，积极创办《投资涪陵》"。内容上看不出有我参加但又确定我为执行总编，不了解情况的人一定会莫名其妙。

自己倒很坦然，你不做事谁做？

听完介绍，感到有几个关键问题没有落实：一是出版资金；二是每期成本未核算；三是供稿任务没落实到人。请示一把手，回答是月底创刊后，就可以回答我的几个疑问了。

以执行总编身份接到任务开始，正好是我一周的报纸总值班。汶川大地震余震不断，白天开会、办公，晚上边审看《巴渝都市报》大样边审阅《投资涪陵》有关文图资料，布置出版事宜。

谁也不清楚《投资涪陵》该办成什么模样，除一把手在时时过问外，没人来关心这档子事。责编蒋群力心里也没底，事事来请示汇报。

我据要求，认真思考，使出浑身解数，细化策划方案的执行。确定了刊物的风格、基本版式——以目前纸媒最为流行的清新淡雅风格为基调，以4开4版为大小。每版文字不在多，图片要大气，有视觉冲击力。主标题以标宋为主。

有了这几条原则，蒋群力操作起来就顺利多了，她也辛苦，几乎跟我一样值了一周的夜班——催区发改委和招商局的稿子、

▼第四章 丹青妙手 策划为先

搜罗有关资料、编稿子、校对、与美编沟通、与印刷厂联系、跑内刊准印手续……

发刊词由采访中心主任向安勤拟就。送审后定稿。

第一期是创刊号，整体风格与具体落实在版面上的操作还有较大区别，且创刊号的样式决定了内刊以后的模样。头条应有哪些固定元素、符号？发刊词如何放？四个版式怎样定？这些视觉上的东西最费脑筋。稿件如何编，放什么版位，还不是大问题。真可谓是孩子好生，取名难。

与蒋群力和美编彭江明沟通、讨论的结果是，报头以涪陵在重庆的地理位置图放右边为标识，以"人人重庆"标志作刊徽，以"大开放、在合作、大跨越"为办刊理念。头版放涪陵地标性大图片，"发刊词"放图片中间，不再放其他稿件；2、3版做连版；4版放"外地媒体看涪陵"，用邻居《三峡都市报》记者来涪陵采写的涪陵工业发展的报道。

创刊号成形了。在送大样给区发改委和招商局审阅时，4版的内容被否定，改成涪陵产业布局的内容。此时已是5月27日，向区新闻出版局申请的内刊准印证还没拿到手，倚仗是区委区府主办的刊物，当天就把清样发往重庆付印了。

28日上午，散发着油墨味、印刷精美的《投资涪陵》摆在了办公桌上。张宗发总编拿了25份报纸直奔"三机关"。与此同时，内刊准印证到达手上。

事后听张总编说，区委主要领导对《投资涪陵》终于创刊给予了口头表扬。

2008年6月12日晚

◎《投资涪陵》创刊号 1 版版面

▼ 第四章 丹青妙手 策划为先

《投资涪陵》是一份纯时政类内刊，服务于党委政府中心工作，它的成功创办昭示，认清媒体是工具这个根本，履行职责到位，就能实现媒体人自己常说的："党委满意，读者满意，自己满意。"

　　不能骄傲自满，也不要妄自菲薄。

　　之后三年，《投资涪陵》成了招商引资和投资合作最有力有效的宣传平台。每年结集成书，出版后成了投资者的案头书。报纸荣获2009年度中国地市报新闻奖（内刊）二等奖。我担心的出版资金也得到落实。

　　当年的李渡工业园区，如今已成长为市级高新技术产业园区，是三峡库区规模最大、效益最好、创新能力最强的园区之一，俨然成为涪陵宜居宜业的"新中心"。

第五章　困顿中的生存之战

难以理解之象

有学者将中国的市场化阶段划分到2010年。理由是,全世界受2008年金融危机冲击,中国率先摆脱危机,且继续高速发展,到2010年GDP总量超过日本,这是中国工业化历程上的一个重要标志。

但让经历改革开放的人记忆犹新的是,房地产商品化和教育产业化的启动,是20世纪90年代后半期影响中国人日常生活的两大新政。某种意义上说,高考是房地产的终极支点,学区房是卖点。两项政策市场化同时启动,珠联璧合,掀起波澜壮阔的社会巨大变革。

波及媒体,特别是基层传统媒体,市场环境发生激变。在经历了都市报兴起、报刊治散治滥、新媒体崭露头角的考验与改变后,报纸的市场化经营成了最烦恼的大事。

人们的固有观念中,报纸是党和国家的新闻机构,吃"公家饭",不会有生存之忧。其实不然,报业在改革开放后经历了巨大变迁。

据国家新闻出版署数据,全国的报纸从20世纪80年代初期的186家,发展到如今2700多家,报业品种百花齐放,从各级党委机关报、少量行业报、社团报,发展到生活类、消费类、文体类、休闲类等涵盖社会生活方方面面的报纸层出不穷。

报业市场的繁荣，为文化自信提供了注脚，丰富了人们的阅读，但同时加剧了行业竞争态势。国家按行业一般分 28 个大类，媒体（含报业）行业是其中之一。但报业属新兴产业，财政"断奶"趋势明显，何况许多地市报本就是差额拨款，报社生存所需的部分"红高粱"，得自己开荒种销。经营之战由此打响。

以《巴渝都市报》为例。它的前身是《涪陵日报》，1953 年以前实行的是供给制，之后，以厂养报、自收自支，没有固定财政拨款。长期以印刷厂收入弥补报纸出版亏损，维持运转。

报社的印刷厂，让人放心，在计划经济体制下握有政治读本、教辅印刷等特种书刊准印许可，效益良好，传说 20 世纪 80 年代初期，地委办公大院的大门就由印刷厂出资修建。

市场经济风起云涌后，面对不择手段的激烈竞争，作茧自缚也好，操作不当也罢，总之印刷厂"江湖老大"的地位不再，效益开始下降，逐渐亏损，丧失给办报输血的能力。

眼见大势已去，党报不能不办，财政出场，每年补贴 25 万 ~ 30 万。重庆直辖后，行政区划调整，报纸发行覆盖面缩小、广告源萎缩，补贴的"吃饭钱"每月从 6 万 ~ 6.5 万增加到 7 万元，直到 2004 年《巴渝都市报》创办前。

此时，报社多少人？380 人！其中在职 248 人。捉襟见肘的局面，自行脑补。

三十年河东，三十年河西！

此情此景下，市场怎样呢？深入探究，"别有洞天"——各类报刊、主城纸媒攻城略地，来本地建记者站、招发行人员，热火朝天抢占地盘。

本地报纸广告增长乏力，印量持续下滑，影响力渐渐消退。记者很累，编辑很苦，经营不易，发行很难。媒体让人敬仰的日子在不可逆转地丧失，也难怪不少同事想不通。

《巴渝都市报》在事业单位改革后诞生，员工减少到100余人，但继续沿袭原有财政体制，仍美其名曰事业单位企业化管理。

说是事业单位，在编员工待遇跟公务员无法比，招聘的几十人还得报社全额找饭吃，最让人无语的是，印报的新闻纸和油墨都得自己挣钱支付。

说是企业化管理，只关心你赢利多少，说入不敷出时就环顾左右而言他，文化产业系列优惠政策一条未见落实。

一位从公务员岗位调来的总编辑，到岗不久屁股还没坐热，突闻财务科长来报，"下个月发不出工资了"，惊诧莫名，什么情况？他才弄清单位是自收自支的财政体制，这是广告淡季、回款又差所致。

肠子悔到什么程度，未闻其详。

此情此景，多年的热门话题报业经营转型，成了大小会讨论的核心议题。一致意见，生存大于天，文人不再耻于谈钱，讲情怀于事无补！

"经营不成功，都喝西北风！"

但到底往何处转？内容为王？内容不能当干粮，百十号人等米下锅呢。经营为大？又从何入手。

显然，这是一张战略策划的答卷，不仅仅是内容怎样和创办报纸了。

讨论结果，只要适合报社经营，且易与内容联动的活动和项目都可以试。

这是一个伟大的结论，它为报社的生存发展奠定了思想基础。

讲好本土故事

基层报业经营，之前主要是报纸广告和报纸发行销售，品种单一，用户不再迷信你一家后，市场一有风吹草动，上下急得如热锅上的蚂蚁，个别报社纵使经营有方，"地主"家的余粮也所剩无几。经营转型是生存形势所逼。

敢为人先的报社，尤其东南沿海一带的纸媒，得改革开放风气之先，思想解放，多元经营，跨界发展，胆大者有与社会资本联营的，手持项目者争取文化产业基金支持，物业多者盘活收租金，有能人者合作开发房地产，八仙过海各显神通。

《巴渝都市报》也在摸索前行。

考察同类报社，因地制宜，策划成立文化传媒公司，对广告经营模式按行业分类改为工作室制，加大政务专题营销，改报纸自办发行为自订邮发，一套组合拳打完，仍未跳出广告和发行两个难题，收入增量有限。

最让人可惜的是，将一块闲置地皮出让，却没能获利，因是移民搬迁划拨地属政府所有，出让金归财政。如与地产商合作开发，就可以获利，但没有。

病急乱投医，让人好笑的是，报社又创办报纸，办了一张分类广告报《巴渝信息》，经营两年后赢利无望，关门大吉。

受上级报业集团办旅游公司的启发，兴办旅行社，哪知地盘小，竞争惨烈，许多营销手段不敢用，两年后也无疾而终。规划户外阅报栏、LED 大屏……

凡此种种，生存之难到了何等程度！

但世上没有救世主，更没有神仙皇帝，哪里困顿还得从哪里突破。

媒体人创意无限，策划举办与内容有关的系列节会活动和项目，讲好本地故事，让人有了自信，看到了希望。读者节、房展会、美居节、网站年会……报社旗下平台火力全开，不用花广告费，铺天盖地，全程聚焦，声势震天。

率先登场的"十大人物系列评选"活动，值得一提。

当时报社兴办4年的首个新媒体平台"巴渝传媒网"，复制粘贴报纸内容，影响力、传播力弱，只有投入，没有收益。但互动栏目《巴渝论坛》是一个神奇的所在，它与网民打成一片，线上线下活动不断，聚集了大批粉丝。

受此启发，打破常规，出奇制胜，将线下活动移置到线上，聚焦"人"这个最不能忽视的因素，将那些推动本地经济和社会事业发展有重大影响的人，曝光于大众视野，并与民众互动。策划就与众不同，一个人会聚集一批人，活动就有了天然的关注度。

我主导起草了《涪陵十大经济人物、十大科技创新人物、十大新闻人物评选活动方案》，活动依托网站和网民开展。

未曾想，活动一启动就呈现白热化场景。一个小地方评"人物"，且第一次，征集、报名参评者超100人，咨询电话铃声此起彼伏，工作人员忙中有乐。策划思路的正确给人鼓舞。

按照评选条件，严格审核筛选，最终确定了70名候选人，报纸、网站专门网页对个人基本情况和主要事迹进行公示，同时开通网上投票专栏。

活动关键环节是公众投票。之前，涪陵人参与的各类评选活动都是通过纸质进行投票。此次评选完全面向社会，由公众"海投"，随时可查票数进展，可在留言区发声，透明度前所未有，吸引力爆棚。

有意思的是，投票结束，"新闻人物"有两名候选人票数相等，组委会决定，尊重网民意愿，并列入选。

作为策划经营转型的一个经典案例，我体会总结如下——

地方新闻网站的活动策划
——以巴渝传媒网"十大人物系列评选"为例

地方新闻网站近几年如雨后春笋，仅据全国地市新闻网盟统计，加入网盟的全国地市级新闻网站就有近200家。但在当前竞争白热化的媒体市场上，地方新闻网站在谋划生存发展壮大的过程中，无一例外都在寻求良策妙方，组织、参与、策划各种各样的活动，已成了地方新闻网站吸引网民、抢占市场份额、力争社会经济效益最大化的常规武器。

重庆日报报业集团《巴渝都市报》创办的巴渝传媒网，是三峡库区的一家地方新闻网站，今年策划组织的"十大人物系列评选"活动，历时两个月，吸引了上百万人关注，网民投票总量120多万票次，取得了社会效益和经济效益的双丰收。作为一次成功的创新策划活动，为网站赢得了全国地市新闻网盟颁发的2010年"全国地方网站创新发展杰出贡献奖"。

活动主旨：紧扣地方大发展

地方新闻网站策划活动，首先要解决的问题是策划什么活动既能促进网站的发展，又能得到公众尤其是网民的拥护和参与。巴渝传媒网所在的行政区域，是重庆市经济社会事业发展的排头兵，其中"人文涪陵"建设得到了海内外人士的广泛认可。但历史上从来没评选过"十大系列人物"，作为区域性新闻网站的巴渝传媒网，在策划活动时历来注重紧扣地方发展主题，评选十大人物系列，从当地党委政府的角度看，能提升一个地方的精气神，也抓住了一个地方搞评选活动的关键。从各行各业对地方发展有突出贡献的人看来，"十大人物"的荣誉称号是一种稀缺资源，必然引起社会各界瞩目。从网站的角度看，在当地首创人物系列评选，不仅可以争得"第一"，而且参与者和关注者一定前所未有。

事实证明，十大人物的系列评选，紧扣了地方发展主题，得到了党委政府的支持和认同，得到了社会各界的积极参与，网民的热情更是空前高涨。报名参评者有100多人，其中有扎根基层、心系生态农村产业化发展的致富带头人；有舍生忘死的基层警察；有取得突出业绩的普通学生和教师；有历经艰难、自强不息、下岗再就业的民营企业家；有长期在国企发挥骨干领军作用的杰出管理者；也有为提高自主创新能力作出重大贡献的科技尖兵。他们用自己的实际行动和突出业绩，向全区人民展示了热爱家乡、勤于学习、勇于创造、甘于奉献的精神风貌。

逆向思维，策划突出互动性

地方新闻网站大都是近几年纸质媒体为应对网络新媒体的冲击而创办，在运营网站的过程中经营理念、思维方式等都是沿袭传统媒体"我说你听，我写你看"的思路，各种策划、评选、颁奖活动仍然采用单向的灌输的方式，参与性、互动性差，参加者有限。而互联网的飞速发展除有传统媒体的特性外，重要的特点是只要你愿意，人人都可以是媒体从业者、参与者，都可以满足"我在现场"的欲望，开放性、互动性非常强，受众、网民能否参与，参与的程度又大多成了网站策划活动成败得失的关键。

巴渝传媒网认真总结了前几次组织活动的经验教训，逆向思维，策划了在当地史无前例的涪陵"十大经济人物、十大科技创新人物、十大新闻人物"系列评选,突出互动性,推荐申报、审核筛选、媒体公示,每一个评选环节都让网民参与,且在网站评选活动专页上设置网友留言板块,让网民畅所欲言。最经典的设计是,谁能摘取"十大人物"桂冠,完全由网民投票选出,主办方不再"综合平衡",揭晓典礼更是请网友参与颁发荣誉证书。实践表明,地方网站按此思路操作活动有极大推广价值,活动实现了策划价值的最大化。

部门参与,强化活动可信性

地方新闻网站在当地行政区域范围内有较强的影响力、号召力,有人脉资源,但也受制于当地的方方面面。策划活动请当地政府权威部门参与,可以增强活动的可信性、权威性,形成政府或政府部门与媒体联袂主导、网站搭建平台、市民网民参与的全新活动模式。

巴渝传媒网策划评选的"十大人物系列",紧扣本土经济发展主题和市民的关注点,请当地经信委、科委和网站共同主办,请纪委对推荐参评的候选人在清正廉洁上把关。主办方名正言顺地向各园区管委会、街道办事处、乡镇人民政府、区级各部门、区属各企事业单位发出《首届十大人物系列评选活动的通知》。由公众对为涪陵区经济和社会事业作出贡献的典型人物进行网上公开投票评选,在当地开了先河。突破了以前媒体策划活动都是通过纸质文本进行投票,容易做假、可信度差的模式,而这次评选,各环节由主办方实时在网上公开,尤其是扣人心弦的投票环节,随时可以查阅,透明度前所未有。评选活动的公信力、可信度大大增强,引起了公众的强烈反响,有近百万人次参与投票。

媒体联动，增强活动影响力

地方新闻网站基本上由区域性的地方报社或电视台创办，媒体资源丰富。巴渝传媒网是巴渝都市报社旗下的新媒体，网站主办有巴渝手机报、数字报、视频节目。在"十大人物系列评选活动"中，各个媒体根据自己的时效性、复读性、直观性等特点，实时同步联动，对活动的每个环节全方位跟踪报道，统一发稿，先后刊播了10余件系列评选活动的文图稿件，极大地调动了十大人物系列推荐单位和候选人参与评选活动的热情。公众更是据自己的阅读习惯从不同媒体关注活动的进展，"十大人物"这四个字一时成了当地的热词，有效地宣传和展示了当地经济和社会事业发展的卓越成就和典型人物。评选活动的影响力得到了充分扩展。

不仅如此，评选活动还是对传统媒体与网络媒体整合、报网互动的一次检阅，更是网站作为新兴媒体与市场互动的一次生动实践。全国三十余家网络媒体对巴渝传媒网的评选活动给予了关注报道。

把握进度，确保活动不冷场

评选活动自2010年5月初正式启动，到7月初的揭晓典礼，历时两个月，要经过推荐申报、审核筛选、媒体公示、公众投票和评选揭晓五个阶段。为防止网民、受众疲劳，确保活动不冷场，把握活动进度成了至关重要的一环。

五个阶段五个周期，策划活动时充分发挥媒体人挖掘新闻点和兴奋点的特点，每个阶段都着力推亮点和吸引眼球的地方，始终保持活动的高热度。

报名时参选条件完全放开,不收取任何费用,不设任何门槛;确定候选对象后各媒体及时公示个人基本情况和主要事迹;网站设立专门网页介绍评选规则和候选对象的突出贡献;对评选过程中要注意的问题网站及时公开提醒;开通网上投票专栏和网友留言板块;投票临近结束时倒计时提醒;揭晓典礼的宣传更是文图并重,浓墨重彩。在各个阶段都有让人"牵肠挂肚"不得不看的地方,在一环扣一环中将活动气氛推向高潮。

(作者陈杨 原刊于《新闻研究导刊》2010年第6期)

一位网友在留言区说:"一座古老的城市,身体已足够强健,但她的精神、她的灵魂在哪里呢?这次评选,让我们从这些人身上看到了涪陵的精、气、神。"

事后统计数据,近百万人次参与网络投票,是本地参与媒体评选活动人数最多的一次。活动为报社创收百余万元,扭转了新媒体只有投入没有赢利的局面。

"今朝唯我媒体郎,敢向市场试锋芒"。评选活动的成功,让人看到了前进的方向,找到了生存之战的突破口。"3·15"国际消费者权益日宣传服务活动、街舞大赛、啤酒节、世界旅游小姐选拔赛、初心故事会……"你方唱罢我登场",节会活动年年上演,目不暇接。媒体开发自身优势,整合社会资源能力体现得淋漓尽致,社会效益和经济效益越来越明显。

打造媒体品牌

不经一番寒彻骨，怎得梅花扑鼻香。

节会活动风生水起，操作熟练，但它是一次性的，有没有可持续稳定经营的报业项目，进而打造成媒体品牌？

酝酿了几年的小记者培训走进视野。

我们是小记者，光荣的小记者。
人小志大眼睛亮，架起交流的桥梁。
我们是光荣的小记者，登上社会的舞台。
我们是光荣的小记者，展示素质教育的风采。
今天当中国小记者，明天成祖国栋梁材。
今天当中国小记者，明天干祖国大事业。

我们是小记者，光荣的小记者。
观察世界很独特，体验生活的快乐。
我们是光荣的小记者，树立远大的理想。
我们是光荣的小记者，服务社会共创和谐。
今天当中国小记者，明天成祖国栋梁材。
今天当中国小记者，明天干祖国大事业。
今天当中国小记者，明天成祖国栋梁材。
今天当中国小记者，明天干祖国大事业。
明天干祖国大事业。

这是《中国小记者之歌》。未接触前，完全未料到，小记者培训已有一套成熟模式。不仅有歌曲，全国少工委、中国记协还专门制定了《全国小记者培训指导工作管理细则》，编著了培训教材公开发行。浙江、广东等地许多纸媒运行得红红火火。2011年"六一"儿童节前，时任广东省委书记汪洋应邀接受了广州、惠州小记者们的采访。党的十八大开幕有小记者现场报道。

  前景光明，笃定信心上马。党委确定我牵头带领团队筹建。策划营运模式、人力资源管理、建立实训基地、活动赞助等总体方案……团队群策群力，敲响开张锣鼓。

  为能逆袭，打响头炮，我们策划了与众不同的"开场白"。

  首战利用暑假，海选小记者！

  铺天盖地广而告之，引来数百名学生报名，选定在一所名校"实验小学"校园内面试，经过现场作文、问答互动后，高潮到来，50多名准小记者进入现场展示才艺。

  此环节是海选成功与否的关键。选定"建玛特"商场做场地，人流量大，从内到外精心设计场地氛围，发挥媒体人优势拉赞助，请行业专家任评委，面向社会无限扩大活动影响力。

  人声鼎沸的现场，学生们穿着"巴渝小记者"红色小马甲、头戴小红帽，最兴奋的是家长群体，拍照、鼓掌、全程参与。

  《巴渝都市报》这样报道：

才艺展示饱眼福

  当日上午，参赛选手在建玛特购物广场继续展开"才艺展示"环节的PK，唱歌、舞蹈、相声、魔术、书法、绘画、诗朗诵、乐器演奏……孩子们鼓起勇气站上舞台，充分展示自我，稚嫩的童声真正成为赛场的主旋律。

  记者发现，该次参加比赛的小朋友多才多艺，单单乐器演奏一项就包括二胡、小提琴、电子琴、黑管、葫芦丝等，几乎可以组成一支小型乐团。与此同时，在赛场另一侧，部分参赛选手却丝毫不受嘈杂环境的影响，安静地进行书法、绘画创作。

其中，22号选手的魔术表演令人记忆深刻，他拎着一大袋魔术道具走上舞台，还颇有明星范儿地要求现场评委与其互动，猜评委们掷出的骰子，结果一紧张居然猜错了，小家伙喃喃自语道："错了错了，重新来过。"在大家的欢笑声中，他极其镇定地完成了接下来的表演。

（记者 李彦欧 原载《巴渝都市报》2012年7月8日）

最终，海选大赛选出"10强小记者"、50名首批"巴渝小记者"。

海选成功，乘胜出击，打出第二套组合拳。选定符合条件的实验小学、城三校、江东中心校、涪九中、涪二中、涪八中等近10所中小学共建小记者站。沟通、签共建协议、授牌，为小记者现场分发教材和服装，聘请校领导任《巴渝小记者园地》编委会成员。

一年时间，发展小记者1600余名，培训和活动开展采取"菜单"式服务，供小记者选择——

开办讲座，请名编名记讲如何当小记者、如何采写新闻；

参观报社编采印报部门，了解报纸、网络产品生产过程；

大记者带领现场采访区"两会"；

开展看"新涪陵"之系列采风活动；

假期举办走进湖南卫视等户外课堂；

志愿者日，组织采访志愿者，参与服务；

"六一"儿童节，组织开展"当一天小报童"，体验卖报经历；

走访交巡警平台，参与交通督查；

走进博物馆、图书馆感受文化自信；

探访消防警营学"绝活"；

到医院参加暑期急救知识培训；

传统佳节开展征文比赛；

……

所有活动，参加完写作文或新闻报道，择优刊发在《巴渝都市报》每月推出的4个版《巴渝小记者园地》专刊。我为专刊拟定的口号"少年时代的精彩经历，媒体未来的领军人物"醒目地印在刊头上。

"巴渝小记者"品牌逐渐叫响，成为媒体与学校共同搭建的素质教育公共服务平台、孩子们快乐成长和脱颖而出的校外舞台。媒体、学校和社会多方共赢的生态圈形成。

它至今运行近10年，是报社经营转型最成功的项目，没有之一。

放眼东南西北中，你会发现，经营转型最难的基层报业，都是"妹妹不会做鞋，嫂嫂有样子"，在策划活动和会展上小有斩获、持续稳定经营的项目少，经营整体转型异常艰难，生存展现的仍是苟延残喘的场景。

要打赢生存之战，从具体操作层面，我总结几点感悟供后来者参考。

一是想不想干事。不想干另当别论，混你的日子去，想干，就多琢磨事，少琢磨人。一旦决策，尽最大努力配置资源，群策群力，倾巢出动，大家一起玩。就像《巴渝都市报》办房展会、读者节、海选小记者一样，全员参与，无具体任务，凑人头、赚人气也要到现场。

二是项目制不能打嘴炮。让责任人有责有权有位，按市场规律出牌，不要手握解释权随时屙尿变，更不能阴阳怪气犯红眼病，如此才能避免"全年干活活蹦乱跳，年底算账怨声载道，次年干脆无人应标"现象。

三是发现敢用经营人才。地市报普遍重视对编辑记者的培养，经营人才缺乏，素质良莠不齐，等培养成熟，黄花菜已凉。要发挥媒体用人灵活的优势，面向社会不拘一格选人，能者上，庸才和马屁精哪凉快待哪儿去，这是打赢生存之战的不二法则。

第六章　报纸，一叶摇晃的扁舟

新中国成立后重庆最早的党报

两根粗大光滑的水磨石石柱矗立在大门口，上几步石梯进入窄窄的大厅，中间突兀地放着一张乒乓球台。两侧的木楼梯，斑驳的朱红色油漆木地板，总给人摇晃之感。十六七间办公室分布在一楼一底。这就是涪陵城中山西路155号的《群众报》编辑部。

入职时的第一印象总是难忘的。

老报人们讲，报社1952年从酉阳迁来后一直在此办公出版。门前的大街用鹅卵石铺就，经年累月被踩得异常光滑，一条中山西路仿佛被文化单位覆盖，右边不远处是一坡梯坎上的城一校，左手窄巷内是城八校，正对门是川剧团。

青涩懵懂，没有比较，说不上印象好坏，但透出的是沧桑。有阅历后才明白，但凡与文化沾边的机构，工作生活场地鲜有让人赏心悦目的。

沧桑背后是厚重。

"1949年11月，酉阳地委刚建立不久。新区人民迫切需要了解共产党和人民政府的各项政策法令，而这个川、湘、鄂、黔四省交界的大山区里，只有一条川湘公路，交通不便，信息十分闭塞。……地委提出办一张报纸，立即得到川东区党委和川东行署的支持。川东行署主任阎红彦在重庆接收物资中调拨出一部电台及收报、译电人员,以后又给调出一台印刷机器及排字、印刷工人。……我们开始筹备办报,从进军来的知识分子中抽出十几二十来个人,有大学生、共产党员、青年团员,还有在南京接收过来的旧报人员,共同筹办起来。"

多位老报人王达、朱平、杨书成、王奕才、张运成在报纸创办40周年时,从不同角度撰文回忆了办报的峥嵘岁月。

"地委定报纸的名称,叫《群众报》。报纸刊头是当时专员赵铎同志书写的。……两个多月后,第一张《群众报》就出版了。开始创刊是六开小报,是用当地唯一能弄到的黑不黑、白不白的土纸印刷出来的,如同土牛皮纸的颜色差不多。"

此时是1950年4月1日,一个值得铭记的日子,新中国成立后重庆境内最早的党委机关报诞生。

据《重庆市志·报刊志》记载,1950年代,境内创刊的报纸还有:1950年5月15日《万县日报》;1952年8月5日重庆市委机关报《重庆日报》;1956年3月《合川报》;1956年6月1日《酉阳报》;1958年7月1日《南川报》。

"初创阶段的群众报社,在一座破庙里,编辑部在庙内戏楼上办公,楼下矮小的房间充作车间。排字房字丁不齐,很多字(特别是标题字)靠手工刻。印刷条件也很差,只有一台对开机、一台四开机和几台圆盘机,都是手摇脚踏的'老爷货'。编辑部的工作人员,绝大多数是生手,一个版一个编辑,从编稿、排版到校对、看大样,都是一人包干。"

"生活条件更谈不上,住的是简陋平房,大院后面的围墙已经坍塌。一天深夜,狼从垮墙跑进来,把出纳员屋子里的羊拖去了,幸好没有伤人。粮食和柴都是由报社的同志翻山越岭,肩挑背扛,从几公里外的小坝乡搬回来的。"

"1952年秋,中央决定撤销川东、川南、川西、川北四个行政区,恢复四川省建制。同时决定将酉阳专区并入涪陵地区。作为原酉阳地委的机关报《群众报》随之转为涪陵地委的机关报,于同年9月迁来涪陵。"

10月1日报纸开始在涪陵出版。

扎根涪陵后,曲折悲怆的办报历程,让一个个老报人唏嘘不已。时代的一粒灰,落在一家媒体机构同样是一座山。

原总编辑杨书成回忆:"'文革'前,先后出过五日刊、三日刊、间日刊(1952年—1958年)、周三刊、周六刊(1958年7月—1961年4月为《群众日报》)。

"在十年动乱中……我们的报纸一度被夺了权,成为派报。以后一段时间,只登新华社电讯,曾改名为《新华电讯》。1968年3月1日前,作为地革委的机关报改名为《涪陵报》。1969年由于派性干扰,根据省革委指示,停登地方新闻,只登新华社电讯。1973年地委重新成立后,恢复地方新闻出版《群众报》,仍出周六刊。十年内乱期间……报上充满派性文章和假、大、空的报道,这是报纸办得最差的时期。"

最具时代烙印的是,《群众报》在1964年11月15日创办了一份"内部版",半月刊,4开2版,主要刊登阶级斗争正反面典型材料,配合城乡社会主义教育运动,对党员进行阶级斗争教育。通过邮局内部发行,面向机关、厂矿、学校、农村党组织和各级党员领导干部。办了一年多,直到1966年上半年终刊。

前尘往事,已成尘封档案。

随着改革开放大船的启航,《群众报》这艘媒体汪洋中的小船,风帆挂满,汇入时代的洪流,不再颠簸飘摇。

据报社大事记记载:

1978年10月,地委宣传部领导来报社与党委一起研究"实践是检验真理的唯一标准""按客观规律办事"的宣传报道意见。

1979年2月,传达地委常委扩大会贯彻中共十一届三中全会精神,研究报纸清除"左"的思想影响,把全党工作重点转移到社会主义现代化建设上来,认真做好平反冤假错案以及健全党内外民主生活等宣传重点内容。

1981年4月30日,党委学习《中共中央关于当前报刊、新闻广播宣传方针的决定》,并布置编辑部干部讨论,总结经验教训,改进报纸工作。

1981年5月8日,为保证报纸按时出版发行,地委副书记姜成玉同意可不再给地委送审报纸大样。

1981年12月,15名新闻练习生入职。彼时办报定位是"小报小办,办出地方特色"。此"小报"非扫黄打非所称之"小报",而是针对报型——4开4版而言。

时任总编辑杨书成这样解读"小报小办":在"小"字上做文章,坚持立足本地、面向群众、面向基层、面向实际,以广大工人、农民、基层干部为主要读者对象,密切联系我区实际,以地方稿件为主,以农村报道为主,兼顾城镇工业及其他各条战线,充分反映我区特点。并在编排形式等方面大力进行改革,使内容和形式都适合小报读者的需要。

风顺帆正,航向笃定,《群众报》满血复活。报道短小精悍,图文并茂,通俗易懂,发行量不断创历史新高。

不只如此,倡议川东北地区报社定期召开报纸协作会;赴宜昌、襄阳、孝感等地报社学习考察办报经验;举行庆祝《群众报》在涪陵出版30周年大会;每年召开通讯报道工作会;出台奖励邮电局《群众报》发行员工办法;修建新厂房和职工宿舍……

通往融媒之路

1980年代，是一个开放包容的伟大时代！报社许多开创性的事业，都肇始于此时。

报纸刊载内容和编采改革前面章节多有描述，这里主要说说一家媒体机构的宏观变革——

改报名《群众报》为《涪陵日报》，后又改4开小报为对开大报；出台"坚持新闻改革　办好《涪陵日报》"方案；成立报纸出版质量管理领导小组；公开招聘通联科科长；特聘驻县和特约记者；试行专业技术职称聘任；召开编辑记者与企业家联谊会；报纸改邮发为自办发行；印刷厂内部公开招标承包厂长；成立劳动服务公司；搬迁已是全危房的编辑部到三环路新址；联合其他报社和区内有关单位研讨开发再生新闻纸……荣膺"四川省新闻出版先进集体"，这是《涪陵日报》历史上获得的最高荣誉！

"人事有代谢，往来成古今"。改革开放后报社人记忆深处如数家珍的时段不多。尽管常言"术业有专攻"，但对"术"和"专"一定要辩证看待。作为一个领导集体的主要决策者，一举一动决定着机构的兴衰成败，对于习惯成自然、囿于循规蹈矩的文化单位更是如此。这是我几十年媒体生涯曾参与决策的结论。

一张地方报，半部本土史

作为大众传播载体，报纸是以刊载新闻和评论为主的定期面向公众发行的印刷出版物，从诞生至今走过了漫长的历史，为人类文明史的繁衍作出了独特的贡献。

"报纸"的英文一词（Newspaper）最早出现于1665年英国第一家报纸《牛津公报》上。但新闻史学界讲，现代报纸的直接起源是德国15世纪开始出现的单张单条的新闻传单。一般把1615年创刊的《法兰克福新闻》视为第一张"真正"的报纸,有固定名称,每周定期出版一次,每张纸上有数条而不是单条新闻。

如果这也叫报纸,那中国的报纸要早于西方几百年。

唐代(公元713年)创办了由"上都进奏官"负责编印,将皇帝谕旨、文臣武将奏章及政事动态"条布于外"的《开元杂报》。宋朝以后有了《朝报》《邸报》和《小报》,出版方式由手抄改为印刷发行,有五日刊、旬刊和半月刊,到南宋光宗绍熙(公元1190年)时又改为日刊。元代和明代的报纸叫《邸报》。清代朝廷的报纸称为《邸钞》,后称《政治官报》。

注意,你方唱罢我登场,无论是官办还是民营,传播载体大都未离开一个"报"字。说中国是世界四大文明古国之一,从报纸的起源和发展这个侧面可得到佐证。

中国近代报刊的诞生脉络就清晰许多。如1815年创刊的《察世俗每月统计传》,1858年黄平甫创办的《中外新报》,但标志是1872年在上海问世的《申报》。

《申报》由来华经营茶叶布匹的英国商人安纳斯托·美查和他的三位友人,在生意惨淡时改行创办。未曾想,这一改弦更张却创造了中国报史奇迹。

美查多年混迹东方大国,是个中国通。报纸虽由中国人主笔,但他据生意场经验,仍嘱咐报馆同仁:"这报是给华人看的,文字应从华人方面着想。"

不仅如此,《申报》对新闻报道进行改革:强调报纸言论要"有系乎国计民生",要"上关皇朝经济,下知小民稼穑之苦";重视新闻真实性,派人前往台湾采访日本侵略台湾真相;注重反映社会生活,连续三年报道"杨乃武冤案",这是当时中文报刊最早最长时间的连续报道。

《申报》经营了 77 年，直到 1949 年上海解放才停刊。历经晚清、北洋政府、国民政府三个时代，共出版 27000 余期。商人办报，以盈利为目的，社会效益肯定没多虑。但它是近代中国出版发行时间最久、最具广泛社会影响的报纸，在中国新闻史和社会史研究上都占有重要地位。《申报》被学界誉为"中国近代史的百科全书"。

《申报》成了研究中国近现代史的重要史料库。

"今天的新闻是明天的历史"绝非虚言。一张地方报同理可证。

涪陵的新闻史没有那么悠长，有据可考是肇始于民国初期。这与本地文化的发轫繁衍息息相关。

涪陵，自古在官民眼里相较于中原和江南都堪称"蛮夷之地"，与"天府之国"相距甚远。此说可能引人不适，但交通变迁可见。

长、乌两江本有舟楫之便，无奈暗礁险滩丛丛，新中国成立后无数次炸礁疏浚方才航路畅通。"1956 年，涪陵县境内第一条公路涪南路建成通车。"而交通是人类文明发展史的卡脖子工程，未竣工之前当然蛮荒。

但细探涪陵的文化史也不必妄自菲薄，可圈可点之处甚众。

涪陵地处长江与乌江汇合处，上古，巴国曾建都于此，后历为州（郡）、县治所；宋代是巴蜀六大商贸中心之一，清代有"小重庆"之称，近百年"榨菜之乡"美誉广泛流传。新中国成立后，此地一直是地、县（市）所在地。历史上朱熹、程颐、张载等文人墨客，石达开、徐邦道等军事将才都曾流连于此，古代水下水文记录碑林白鹤梁，陆上三线建设遗迹 816 人工挖掘的核工洞，皆是天下无双的名胜……

地处华夏版图西南片区的小城涪陵被当地文人总结的"四大文化",从白鹤梁题刻文化、榨菜文化、易理文化、三线文化到现今的枳巴文化、理学文化、红色文化和移民文化,几年一变,让人无所适从。

我记得任政协委员时,有一个丰都籍在外打拼的成功人士,闻听涪陵城长江对岸有意打造易理文化古镇,便邀众委员参观其已成作品,展示讲解策划方案,命名为"涪州古城",几经折腾,无疾而终。

"涪州古城"演化为现在的"爻里小镇",刚部分竣工,易理文化未见半点影子,倒是"爻"字让人调侃多多,念"叉叉"者不在少数。与"涪"字读成"陪"进而传播不开类似,引人深思。

在如此无以言状的文化氛围中长出的地方报,时间虽然稍晚,却别具一格。创刊于 1925 年 7 月 13 日涪陵城西门鹅市沟的《新涪声报》是本地第一张报纸。由在重庆川东联立中学读书的爱国学生宋继武与社青团员石大城发起创办,两人兼采编于一身。据《涪陵市志》记载,1916 年统计,全县有新闻记者职业者 3 人。至 1985 年,境内先后出现报纸 21 种。

这 21 种报纸作为本土社会变迁的信息载体,以其公开印刷出版物独有的形式,从不同侧面和视角记载和反映了一方水土的时代变革和社会生活的方方面面,补史之遗、匡史之谈,能起到补档案之缺、辅史学之证的独特功能。为地方史研究提供了大量翔实珍贵的第一手资料,是活脱脱的半部本土史。

此说可从四个方面诠释。

一是记录的真实性。新闻报道系撰稿者亲历、亲见、亲闻,真实不仅是基本原则,更是从业者的职业操守。纵使报道有差错,还会发"更正"纠错。报道记录政治、经济、社会、文化、风情等各阶层的动态，不仅有新闻性和公共性，更重要的是能丰富史学研究的现实感和立体感。报道具备的独特优势和价值，是官方档案和正史典籍的有益补充。而非有作家所说，史书除人名是真，别的都是假的；小说除人名是假，别的都是真的。

仅举一例。涪陵是三峡工程修建需移民的库区重镇。"长达20多年的移民工作，移民十几万，这是我区建国以来，涉及人口最多，范围最广，任务最重，压力最大，以及财力、物力、人力投入最多的一项历史事件。""用当年报刊的新闻资料回顾历史，可以说更接近历史真相，也更贴近读者。"因此，涪陵区政协组织专业班子编辑出版了80余万字的《三峡库区涪陵大移民新闻纪实》一书。内容主要来源于本地《涪陵日报》《巴渝都市报》。时任区委书记在前言中说："这些新闻报道，是记者和通讯员当年的现场记录和耳闻目睹、深入调研之作，反映的事情客观真实，正确可靠，读来生动感人。"

二是内容的广泛性。民国时期，涪陵的报纸数量众多，先后有《新涪陵报》《新建设日报》《涪陵市政周报》《红军日报》《政务日报》《涪陵民报》《枳江日报》《涪陵通讯》《涪陵新闻》《扫荡简报》《建涪公报》等，有官办的，也有民办的，都从自己的办报宗旨出发，从不同侧面记录了政商各界市井小巷的诸多新闻，内容异常丰富。《新涪声报》本以刊载商讯、时事、涪陵地方新闻为主，被勒令停刊就是因刊载地方头面富绅的桃色新闻。内容的广泛性由此可见。

新中国成立后创办的《群众报》，后演变为《巴渝都市报》，内容的浩瀚、详尽更是无与伦比。各个时期的重大历史事件、活动，党的重要会议、文件，各地贯彻执行情况，各类脍炙人口的故事，各阶层的动态、变革，等等，都能在报上看到。甚至报纸的报头、版面、编者按、编后记、广告都是时代风貌的折射。

三是影响的深刻性。报纸在广播电视,尤其是互联网未出现前,不仅是流行读物,更是人们获取信息的唯一正规渠道,它通过点对面的表达舆论,对社会和民众产生的深刻影响不可估量。

民国时的《涪陵民报》每期发行到县、乡和驻县机关团体,远至四川省党部、国内县级报社、成渝两地大报社,涪陵城内均有商家订阅。创刊于1930年2月的《红军日报》,由中共涪陵特委和中共四川二路红军游击队前委主办发行,内容以号召农民组织起来拿起武器闹革命为主,吸引了不少人参加游击队。

《群众报》原总编辑王达回忆新中国成立初报纸影响力时写道:"报纸是党的宣传鼓动工作最有力的工具。""当时三个县一百多万人口的地区,小报发行1200多份。以后区乡村镇很多地方成立了读报组。群众把小报当成了学习政策和时事的必备材料。在征粮剿匪、减租反霸、抗美援朝、土地改革等运动中,《群众报》发挥了难以估量的作用。有些贫农拿着《群众报》去找地主恶霸讨还剥削账。也有工商户看了《群众报》,掀起了抗美援朝捐献热潮。特别是剿匪后期,有些土匪拿着《群众报》向人民政府投降自首,说明是这张报纸告诉他要改过,不再当土匪了,政府会宽大处理。"

《巴渝都市报》创刊后,注重面向市场,面向读者,许多报道的影响力前所未有。北京军区将刊载有涪陵籍战士周波勇救落水儿童英雄事迹的《巴渝都市报》收藏到军史博物馆;呼吁社会爱心捐助,帮家庭贫困青年陈小平成功实施手术;邀请数百名贫困学子到酒楼过年;帮河南青年王会找到失散15年的亲生父亲等报道,让报纸一时洛阳纸贵,收到的表扬信、锦旗不计其数。

四是时间的连续性。民国时,由于受动荡局势和经费不足等多种因素的影响,许多报纸都不能长期坚持办,多则几年,少则几个月就停刊,有的是停了又复,复刊了又停。但一直都有报纸存在，从未间断。新中国成立后，从《群众报》《涪陵日报》，到如今的《巴渝都市报》，从未"断代"。

说报纸是一部鲜活生动的本土"通史"毫不夸张。

新闻人群像

报纸，从古至今作为一种传播工具，大都由执政者或权力机构主办，同仁办报甚少，即使有也寿命短暂。具体操持者，都是有思想、有文化、专注新闻事业之人，绝非等闲之辈，否则吃不了这碗饭。截至2021年12月，全国共有19.4万多名记者持有有效新闻记者证，地方新闻单位11.8万多人，占88.47%，其中报纸7.1万人。

他们究竟是怎样一群人？

在报界，记者采摄作品，文责自负，稿子一般都有署名，久而久之，关注者能念出一二。编辑就成了"无名英雄"。20世纪80年代末各报才兴起在版面上署编辑名字，此举更多成分还是以便找到差错责任人。现供职媒体者，都渴望获得的新闻界最高奖项"长江韬奋奖"也是20世纪90年代初才设立，两年一评，截至2021年，共举办16届，获奖者区区310余人。

新闻人首先是人，东奔西走，挑灯夜战，劳神费力，付出同样渴望得到回报，这是常理。更何况法治社会，知识产权是受到法律保护的。以我在基层报社供职几十年体察，一生奉献给新闻事业的编辑记者大多籍籍无名，无怨无悔，但藏龙卧虎者甚众，逸闻趣事颇多。以老中青为例略述一二，以窥媒体人的英雄本色。

首先搜史料，本地历史上办报者除有创办人或总编辑大名外，一些编辑记者也得以留名存史。

涪陵第一张报纸《新涪声报》，社长石大城、宋继武，编辑有鞠雪芹、周笙竺、杨宏孚等。鞠雪芹、周笙竺在报纸停刊后，第二年又改任《新涪陵报》编辑。社址位于原中山公园文庙内的《涪陵民报》，办了停，停了又办，先后任编辑、搞采访的有蒲师竹、蒲致君、蒲见尧、吴雨亭、刘砚一、刘北恩、张楚伦、白天佑、杨大利等。

有意思的是《涪陵日报》，早在1949年7月23日创刊，新中国成立后《群众报》更名与它相同，纯属巧合。此报只存在了短短4个月，同年11月停刊。社址在中山路425号，发行人梅彬，社长冉明远，总编辑陈遇春，总主笔张中朗。编辑记者未有记载。

遗憾的是，想细探民国时期报人的办报细节，翻遍史料未能如愿。

新中国成立后，1950年创刊的《群众报》，几度更名，至1988年1月1日改名《涪陵日报》。先后有王达、张东升、周宗京、邓德同、况于森、杨书成、刘顺福任主要负责人或总编辑。

印象深的是杨书成。我入职时他任社长，不久机构改革任一把手，名"总编辑"。杨总，不，"老杨"，这是当年报界的优良传统，无论官衔资历，一律以"老"或"小"字后缀姓称呼。

老杨身材高大，南人北相，头发花白，说话时常叉腰，举手投足一派知识分子的儒雅之风。在中山西路旧编辑部时，他的办公室在二楼背阳面，我偶尔送大样去总感觉室内黑乎乎的。

他任主要领导那些年，改革开放刚兴起，百废待兴，一切摸着石头过河。刚经历折腾后步入正轨的报社，自然是重头收拾旧山河，付出的辛劳，可想而知。他坚持政治家办报方向，积极推进新闻改革，领导党委出台《关于改进报纸工作的意见》，强调面向基层、面向群众，办出地方特色。

直观感受是对我们新入职练习生的培养锻炼，他倾注了大量心血，排兵布阵，审阅老师们的讲稿，常亲临课堂巡视……

让人感佩的是，2010年10月19日他在老家永川病逝，享年86岁。弥留之际，他立下遗嘱，从简办丧，不开追悼会，不搞告别仪式，不给组织和任何人增加任何负担。

尊重他的意愿，其子女在遗体火化后才通知了单位。我奉命执笔，将老杨逝世的消息刊于本报。也正是为写稿查档案，才知晓了一位老报人一生执着新闻事业的传奇。

老杨在新中国成立前夕从四川大学政治学系毕业，1950年1月参加工作即任川东报社编辑，《群众报》创刊后调来支援报社。1960年开始任副社长。

他在文章《回顾四十年》中写道："粉碎'四人帮'后，我们逐步恢复小报小办的优良传统……经过全体编采人员的努力，基本做到文字短小，图文并茂，通俗易懂。实践证明，只有坚持小报小办，办出地方特色，报纸才有生命力……"

直到1986年退休，老杨都供职于此。一则短消息，刊发于他献了青春献终身的报纸，或许是对老杨最好的纪念。如在天有灵，他一定会感到欣慰。

杨总编粗粝能甘，纷华不染，是一代报人高风亮节、淡泊名利、无私奉献的缩影。

领头人如此，才华横溢、业务精湛的普通编辑记者同样不在少数。

2000年后，我有幸近距离接触邓惠伯，他两次回报社"探亲"。他曾在报社任美编十多年，现年已80岁，身材魁梧，精神矍铄，声称常年穿梭于北京、重庆与日本等地。一副"烈士暮年，壮心不已"的神情，谈书画，摆过往，兴之所至，当场挥毫泼墨，一副大家风范。

邓老的传奇之前多有耳闻。他早年毕业于西南师范学院美术系，分来报社任美编，与众不同的是其文字功夫了得，美编写稿两不误，是不可多得的"双枪将"。我初任记者时常遇采访对象念及"邓老师"的能言善辩和博闻强记。

艰难困苦，玉汝于成。高考恢复后，他以年届40高龄考入中央美院研究生班，主修东方美术史，后留学日本京都大学获文学博士，并娶日本老婆扎根东洋。作品和学术成就甚高，历任中央美院教授、清华大学美院兼任教授等，先后获联合国教科文组织荣誉金奖等十余次。作品为国内外数十家美术馆、博物馆以及个人收藏。

改革开放后，新一代新闻人茁壮成长，在报业舞台尽展才华。摄影记者李夏，与我前后进报社。他从部队复员，喜欢画漫画，后主攻新闻摄影，服务《涪陵日报》《巴渝都市报》几十年，以高级记者职称荣退。

此君身材瘦削，几十年不长肉，常年斜挂一包，内必放相机。一日接报料，乌江边三艘趸船失火，说时迟那时快，他火速赶到，掏出相机一通猛拍，诞生作品《一船失火引发"火烧连营"》，获全国地市报新闻摄影金奖。其采摄编辑的大量新闻摄影作品，被新华社和《人民日报》等采用。难能可贵的是，他善于从理论上总结摄影心得，发表《正确认识摄影采访现场的"干预"行为》《释放纪录的感动》等摄影论文若干。他指导培养年轻摄记成才多名。他是中国摄协会员，最终众望所归当选区摄协主席。

最让人奇怪的是，他不仅摄影活干得漂亮，歌喉更是了得，民族唱法常赢得阵阵掌声。刨根问底，他回答"可能有遗传"。

原来其父年轻时供职战旗文工团主攻声乐。

时政报道是新闻媒体的"独门利器",《巴渝都市报》有关区委主要领导的报道长期由年轻女记者文雯承担,从最初写不好稿被老总训得哭鼻子,到被领导机关点名"此人不能换",政治素质和精湛的业务水平可见一斑。

她本科新闻专业科班出身,毕业后赶上媒体舆论监督风行,先后在重庆主城两家纸媒当记者,经历了很多年轻记者未体验过的人和事,培养了她的大局意识、导向意识,为跑时政报道打下了一定基础。面试人员问:"为何回老家来求职?"她回答:"为了爱情。"

讲完成就斐然的高人,说两个"另类"。

潘力妮,初听此名,熟悉报社者会说"不是你们小记者园地的女编辑吗",但说起她的网名"衣锦夜行",那更是本地网民无人不知、啧啧称奇的网络大V。

但怎么看,小潘都与众不同,年近40的人,衣着永远清新时尚,聊天时笑声尤其魔性。不知这跟她上大学时学时尚设计是否有关。

早年流行玩网络论坛,"衣锦夜行"以亲历户外运动、追赶时尚潮流帖子著称。她自述:"我曾经是户外用品店店主+户外领队+旅行狂热分子,2005年独自一人从涪陵出发沿国道318搭车到拉萨、2007年带领十多人的团队成功登顶四姑娘山二峰。"

拉萨之行说得轻描淡写,实则让人匪夷所思,因她是单枪匹马从成都搭大货车出发,沿318国道一路风餐露宿游到西藏,边走边文图并茂地发帖《坠入8848米深蓝轮回》,此举彻底奠定了其网络大V的江湖地位。

小潘的本职工作是负责报社小记者中心运营。从组建团队到策划活动,从编发稿子到管理小记者,事无巨细,亲力亲为,硬生生将"巴渝小记者"打造成了报社的品牌。后任职新媒体部，策划选题、创意设计甚至文字编写，产品总给人耳目一新之感。

个头不高，粗壮墩实，常着黑白色对襟衣裳，永远光头的广告人姚彬，风流倜傥，牛皮哄哄。无论在周末版当记者还是给房产版写软文，发稿不少。尤其负责地产广告时，活动策划有板有眼，营收增长史无前例，去职后业绩无人超越。

羚羊挂角，诗之神韵。在报社日子良久，此君业余爱好诗歌创作，才华日渐显露出来，出版《重庆，3点零6分》《逍遥令》《姚彬诗选》等多部诗集，成为中国作协会员，获巴蜀青年文学奖，签约重庆文学院。

我不懂诗，只知在写诗者比读诗者还多的当下，在诗界有推介赞誉："姚彬是优秀的，被地域至上所暂时遮蔽的他将来应该会成为诗坛一颗耀眼的星。"

一家靠武文弄墨吃饭的机构，不仅出类拔萃者辈出，更是社会各界的人才输送地。我亲眼所见，二十世纪八九十年代有多位骨干编辑记者，才情四溢，风华正茂，要么被选调走担任领导，职务最高者在区人大常委会主任位置上荣休，要么在商界混得如鱼得水，做到了上市地产公司副总裁。

一方水土养一方人，一般而言，文化人埋头做事，深藏不露，孤傲不群，收入只能维持温饱。但，是他们让媒体伟业薪火相传，绵延不绝，其中的"神人奇才"不在少数。

初当记者时，第一位带我采访的梁福庆老师，高高的个子，微驼着背，厚厚的宽边黑框眼镜，天文地理，文史体美，常跟我们一帮年轻人吹得天花乱坠。千万不要被表象所惑，他与采访对象见面熟的本领，对报料题材不宜见报要如何处置的慎重，让初出茅庐的我领教了一代报人扎实的基本功。他还有与众不同之处，喜钻研新闻业务和社科理论，发表论文若干，这在当年的报

第六章 报纸，一叶摇晃的扁舟

社是凤毛麟角,他后被选调至因三峡工程兴建而成立的省级筹备机构工作。

因患小儿麻痹症导致右腿残疾的胡云昌,学生时代就喜爱诗歌,后因生活和求职压力中断了写诗的欲望,转而探索新闻写作,从骨干通讯员成长为报纸编辑,后一段时期主编"白鹤梁"文艺副刊,约稿、组稿、编辑,用心经营,让如今在报界为数不多的文艺副刊得以延续。

他擅长创作行吟诗,每年几乎都要天南地北去领大奖,个人诗集《纸上山河》即将付梓,集纳他获省级以上特等奖、金奖、一等奖、二等奖作品。他说"媒体的文化氛围让我的诗歌创作灵感不断"。

编辑冯蜀闽,顶着一头花白头发,在涪陵生活几十年仍满口南腔北调,大学毕业来报社本在行政岗位,忽心血来潮写了几篇文章,"孺子可教也",调编辑岗位,历练成文体新闻采编高手,世界杯、奥运会等诸多重大赛事均由其主编。

以传播为天职,塑造影响力的媒体,有多个业界优秀人士,是媒体之幸。而当今,风行神州大地的融媒体中心,到底如何融?怎样配置和使用人这个最核心要素,润育一帮佼佼者或许是秘诀之一!

渐渐远去的帆影

"卖报,卖报啦。先生,买份报纸吗?"民国时陪都重庆街头此景,是被抗战影视剧反复演绎的镜头。

新中国成立后，报刊、广播、电视空前发展，此起彼伏，报纸发行量除逐年递增，且始终是舆论场上的绝对主角。1980年，《中国青年报》的发行量达到300万份。1931年创刊的《参考消息》日均最高发行量达340万。

时代曾赋予纸媒快速发展的辉煌，到2005年，全国都市类报纸有280余种，平均期印数4852.3万份。《巴渝都市报》也曾最高期发6万多份，而所在地全境人口不过110万。

涪陵城人流密集处都设有报刊亭，许多零售摊点也卖报纸，办公室一早送来的是报纸，坐公交车低头看的是报纸，约会标识都手攥报纸。每年本地"两会"，代表委员人手一份《巴渝都市报》，会展活动现场报纸是理所当然的主角，几乎人人手持。零售人员穿"黄马夹"上街卖报，日销量最高达2000份。酒桌、牌桌上争论不休时最终以一句"报纸都登了……"收场。

不只市民钟情报纸，区委书记、区长声称"上班第一件事是翻阅《巴渝都市报》"，有多位领导对报道的批示直接写在报纸上，现都存放于报社。曾有区委书记胡健康看到贫病交加的青年缺钱做手术的报道，立即差人送来爱心捐款。基层干部更是直言"最渴望最爱看的就是《巴渝都市报》"。

主流纸媒的公信力和影响力不容置疑。

《涪陵日报》从报名可见，妥妥的党报，早年地区管辖10个县，地委机关报独此一份，行政区划调整后，也有5个县的发行范围。改名《巴渝都市报》后，骨子里仍以承担机关报功能为要求。

报纸在21世纪前10年，发展突飞猛进。支撑报纸运转的广告，年年递增。报社新上清华紫光采编系统，实现采编、录入、校对一体化；新购激光照排机和晒版机；添置YP4787双面彩色塔式胶印轮转印报机。编校质量和印刷质量有了质的飞跃。

从报型4开小报,到加长瘦身版,最厚时前所未有地出到了一期70多个版,印刷从黑白到彩色,遇特殊时间节点还采用铜版纸出版。主流媒体的辉煌达到巅峰。

编委会将报纸宣传定位于"立足涪陵、服务周边、关注民生、面向市场",围绕"打造责任媒体"主题,树立可持续发展的质量效益观念,坚持人才强社,培养名记者、名编辑、名栏目,新闻宣传质量和报业经营成绩斐然,迎来区委书记、区长调研指导。重庆日报报业集团阅评组评价:"从机关报转为市场化报纸时间不长,但报纸显得很成熟而大气。"

花絮是,单位临街门口上方破天荒安装起"巴渝都市报"几个霓虹大字,入夜红光闪闪。想刊个遗失启事者从此不再在门口东张西望,踟蹰不前。此举之前,堂堂一家报社从未在大门口设单位标识,有人提出挂一块吊牌,回答是"被人摘走咋办"。

细微变化,是有着传统纸媒文化传承,重拾"开门办报"这个党的新闻工作优良传统的开端。

此外,形势所迫,新媒体崛起,舆论场日趋复杂,多元传播格局形成,要赢得主动,除兴办新媒体外,"开门办报",是传统主流媒体保持传播力、引导力、影响力、公信力的重要法宝。

《巴渝都市报》发挥策划编采特长,以组织会展活动和编撰报刊为主打,努力成为更多机构和行业的赋能者,"开门办报"之路也越走越宽广。

首先,与社会各界和读者频繁互动。年年召开新闻宣传暨报纸发行座谈会;分行业走访或邀请相关机构领导、企业写手、读者代表恳谈新闻宣传;邀请党校干部培训班学员参观编采印出版流程;组织开展编采人员走上街头与读者见面、签名活动。着力塑造开放、多元、互动的主流媒体形象。

其次,勇担上级党委宣传任务,承办《投资涪陵》报,派骨干完成大报大台外宣采摄任务,编撰《庆重庆直辖 涪陵十年辉煌》《晴彩涪陵 经典记忆》《人民卫士周鑫烈士事迹纪实》《巴渝小记者优秀作品集》等书籍、画册赠送社会各界。

重头戏是策划组织受众深度参与的大型互动活动。"巴渝都市报之夜""十大女性经济人物""世界杯涪陵足球宝贝""武陵山旅游形象大使""十大经济、科技创新、新闻人物""首届啤酒文化节""世界旅游小姐涪陵选拔赛"等文艺演出和评选活动轮番上演。

最成功最难以忘怀的是连续三年举办"读者节和房展会"。

报纸是喉舌、是工具,当地党委政府提出贯彻"418"战略部署,建设"双百"现代化大城市愿景,主流媒体正好派上用场。报社抓住时机精心策划,"一节一会"隆重登场——

读者节以"回馈读者,感恩社会"为主题,现场义卖报纸,收入捐红十字会;本土作家和爱心读者"为偏远山村留守儿童捐一本书";揭晓"十大金牌读者"现场颁奖;品牌栏目《记者在行动》组织医护、医保、司法、税务、工商、社保等部门接受咨询,提供服务。

报业文化展示现场火爆。老报纸、历史资料图片、收藏的精彩摄影、书画作品,让观众情不自禁戴上手套"触摸"报纸的流金岁月,平时只见其名的编辑、记者与读者面对面,并发放签名礼品。

人气最旺的是全民广场舞大比拼。几十支坝坝舞队使出浑身解数,大妈大爷们尽情展示舞动全城的模样。名次靠后者情绪激动,一副誓不服输的劲头。与之旗鼓相当的是小记者的骑马舞比赛,引全场惊叫声不断。

房地产展示让老板们喜上眉头。销售与咨询、家居建材装饰、中介服务等人员悉数出动。甚至吸引了近10家与房产会毫不相关的汽车经销商参展。

大记者现场直播,"小记者"有模有样地采访,网友现场比拼"拍客"。

....

"开门办报",让主流媒体密切了编读关系、提高了宣传水平、扩大了社会影响力,更让全社会看到了媒体的拓展服务,架设新传播平台,搭建新互动共同体的能力。不再"闭门办报",更是媒体面向公众的新表达,是实现合作共赢、扩大提升主流媒体影响力和话语权、"媒体超越媒体"的新实践。

报社曾在宣传册封面上印有"打造巴渝大地名牌都市报"的口号,并宣称"敢立潮头驭大江"。我想,一会一节的成功连办,报人们一定深信不疑!

但可叹的是,这是报纸严冬来临前最后的艳阳。

日月如梭,斗转星移,进入移动互联网时代,无论你有过怎样辉煌的航程,报纸,在时代变革中犹如一叶摇晃的扁舟,渐行渐远。

2023年2月,国家新闻出版署发布的《2021年全国新闻出版业基本情况》说:"报刊出版状况明显改善。"

听上去是多么的无奈。

数据显示,地市级报纸出版状况持续下滑。2021年全国共出版报纸1752种,较2020年降低3.2%,从报纸层级结构看,地市级报纸印数85.1亿份,降低4.9%,所占全国报纸总印数比重也降低。

其实你我都看见了,近几年每到年关,历经风浪大考的报纸,总会在这个时间节点集中宣布休刊停刊。据不完全统计,从2021年1月1日到2022年1月31日短短一年,有70多家报纸停刊休刊。其中包括《京华时报》《东方早报》《新闻晚报》《北京晨报》《法制晚报》《贵阳晚报》《巴中晚报》《洛阳商报》等。

报纸不只是史实记录者,可叹的是自己也在渐渐成为历史。

如今上街,报刊亭早已不见踪影,即使有,充斥其间的也是香烟、饮料、玩具。公共场所大家仍低着头,只是捧着的是手机,翻飞的是拇指。我们编辑部大院门房的老大爷都改用微信收物业费了,唯一展示报纸的橱窗也破败不堪,无人打理。最让人无语的是大门口的霓虹大字早已不见踪影。

历经数百年,辉煌数十载,报纸终于陷入困境,无论是发行量还是广告额,都出现断崖式下滑。休刊、停刊、减版已成常态,纸媒的寒冬已经来临。

《巴渝都市报》在官方旨意下改成了对开大报,内容彻底机关报化,都市报风格难觅踪迹,发行量停滞不前,零售更成奢望。

无法说再见,却又不得不与曾经的辉煌挥手告别。

从一纸风行到帆影远去,编读间演绎的诸多爱恨情仇,已成为人们茶余饭后的龙门阵。

纸媒此困境,全因新媒体、自媒体泛滥冲击而成?也不尽然。内容的衰败和同质化才是根源。

重头策划报道、深度报道、舆论监督,是报纸的旗帜和撒手锏,是最吸引读者、增加用户黏性的内容。至少《巴渝都市报》少有了。

除小言论偶露峥嵘,版位经常还放得莫名其妙,一版被宏大叙事的时政电稿占据,二版归简报化的本地时政报道所有,三版民生新闻稍接地气,文笔又太稚嫩,四版是各媒体平台千篇一律均有的国际国内电稿。报纸的"经济命脉"硬广告更是难觅影子。一句话,区域性地方报的特点没有了,给人小报抄大报印象,读者不买单是必然。

自从媒体诞生以来,更新迭代是无法阻挡的历史潮流,移动互联网时代到来,传统纸媒向融而生才是唯一的救赎之路。

媒体的历史翻开了新的一页。

第七章　从一纸风行到向融而生

起步网站：本土为先

纸媒帆影远去，已无可留恋。无论怎样的心境都于事无补。但自我救赎实则早已展开。

巴渝传媒网的诞生是巴渝都市报社向融而生打出的第一拳。

网站位于报社编辑部大楼7楼，夜晚灯火通明是它的标识。从诞生到融媒体中心成立，走过了14年艰辛探索的历程，它是传统纸媒《巴渝都市报》直面新媒体革命的摇篮，是报社融媒体矩阵诞生成长的圣地。

中国大陆正式接入国际互联网，面向全社会开放网络提供服务，是1994年4月。面向海外留学人员的《神州学人》杂志，得风气之先，首开先河，创办中国首家网上媒体，于1995年1月12日上线，开启了中国新闻媒体的网媒之路。

传统媒体转型本就是一个世界性难题，最基层报社还在纷纷探索转型路径时，基于互联网的新闻网站和商业网站等新媒体快速崛起，呈奔涌之势，扑面而来，彻底改写了媒体行业的版图。

1996年12月，央视门户网站建立并试运行，1997年1月1日，《人民日报》网络版（人民网前身）上线，同年11月，新华社的新华网上线。当年全国开通电子版的报纸60余家。

中国新闻界至此进入了一片新天地。

1999年10月，国家层面关于网络新闻宣传工作的首个指导性文件《中央宣传部、中央对外宣传办公室关于加强国际互联网络新闻宣传工作的意见》下发。2000年3月，《国际互联网新闻宣传事业发展纲要（2000—2002年）》出台，提出了互联网新闻宣传事业建设的指导原则和三年奋斗目标，打响了从中央到地方新闻网站大干快上的发令枪。

各级各类纸媒办的新闻网站如雨后春笋，地方新闻网站进入迅猛发展期，仅据全国地市新闻网盟2010年7月统计，加入网盟的地市级新闻网站近200家，成了网络媒体大军中的一支生力军。

《巴渝都市报》的前身《涪陵日报》，于1950年4月创刊，报业文化底蕴深厚。2005年改办都市报后，编委会的中坚力量始终求新求变，对媒体市场的变革时时关注、处处留心，总编室还设岗专门负责搜集整理媒体市场新动向。

上下共识，再不能像20世纪90年代中期都市报兴起时那样，错失媒体发展良机，勇敢面对成了唯一选择。

新闻网站"巴渝传媒网"应运而生，于2006年10月上线运行。

传统纸媒触网，向新媒体转型，大家都处于摸着石头过河的探索阶段，理论和实践都呈现百花齐放、百家争鸣状态。

彼时，业界流传着"内容为王""经营为王""渠道为王"等诸多似是而非的办网理念，折射到新生的巴渝传媒网，需要思考和解决的问题很多——运作模式如何确定？人才匮乏怎样解决？盈利点在哪里？资源如何利用与整合？等等。

千头万绪中，网站如何定位，采取什么样的办网策略，是首要解决的问题，也是从未有过的考验和挑战。

互联网与传统媒体根本的不同，不仅时效性更强，更是具备了个性化、互动性,延展了接触媒体的群体,一个从不看书看报的人可能要浏览网络。单向的灌输式形态变成了互动模式,作者、编者和读者之间的界限模糊,编读关系悄然变化,不再是我写你看、我说你听。用像办纸媒一样的思维来定位新闻网站,显然是不识时务,此路不通。

工欲善其事,必先利其器。头脑不清醒,认识不到位,发展新媒体就会误入歧途,甚至欲速则不达。

基于对新闻网站的粗浅认知,编委会反复研讨。结论是,不照抄照搬,在学习、借鉴别人成功经验基础上努力探索适合自己的发展模式。

"一个成功的定位,应当是创造优势、发挥优势,比竞争对手更好地为网民服务。"不知谁的一句话,引起共鸣。

此观点与有关专家的理念不谋而合。

"地市报克敌制胜的最大法宝无疑就是本土性、地域性。"国家新闻出版总署时任副署长李东东在重庆的一个媒体论坛上指出,"这一优势是国家级报纸、省级报纸所没有的,而且在任何时候都不会改变。只要我们牢牢抓住贴近基层、贴近百姓的地域性和本土性这个优势,地市报办的区域性新媒体就能走出一条具有本土特色的运营模式,就能克服'千网一面'的定位,实现生存发展、做大做强的目标。"

作为具体负责创办和管理网站的我,吸大家之所长,对网站如何运行集中思考在这篇文章中——

本土为先　服务为王
——区域性新媒体生存发展的策略

新媒体是指新的技术支撑体系下出现的媒体形态,如新闻网站、数字报刊、数字广播、手机报纸、移动电视、数字电视、数字电影等。相对于报刊、户外、广播、电视四大传统意义上的媒体,新媒体被形象地称为"第五媒体"。

《巴渝都市报》作为一张区域性的地市级纸质媒体,面对新媒体的冲击,如何应对,怎样突围,我们进行了不懈的探索。

介入新媒体前
《巴渝都市报》面临的传媒市场景况

《巴渝都市报》在都市类报业市场上是一个新生儿,它是2003年全国报刊治理整顿后由《涪陵日报》转办的一张地市级都市报,一诞生就面临包括新媒体在内的各种媒体的冲击,主要表现在:

(1) 主城纸媒的攻城略地。《巴渝都市报》地处重庆市涪陵区,离主城只有一小时车程,主城的各类报纸已经覆盖到当地。

(2) 本地新媒体风起云涌。《重庆手机报》创刊、本土各类网站如雨后春笋。作为一个三四线城市的涪陵就有商业网站30多个、中国移动手机用户35万。最可怕的是,手机从单一的通讯功能变为了可以阅读的新媒体,拉拢争夺"受众"的花样繁多。报纸的读者被分流,影响力在下降。

(3) 投资商青睐主城媒体和新媒体。发行、广告市场份额被挤占,报社发展报业经济的难度加大,维系报社生存的经济支柱广告增长乏力。

(4) 屡禁不止的非法出版物偶露峥嵘,对新生的《巴渝都市报》的市场空间进行侵蚀。

如何应对?是否介入新媒体?

作为一家1950年4月创刊,在2003年报刊治理中保留下来的、有过辉煌历史的地市报,直面现实寻求突围,冷静客观的分析是必不可少的环节：

（1）从报纸所处环境看，发展新媒体是有优势的。《巴渝都市报》虽然地处非主城区，但它也是区域性中心，城市化进程正在加快，经济总量在不断增长，对媒体的发展有相当的拉动作用。另外，作为地处重庆市六大区域性中心城市之一，对周边区县城市以及农村还有相当的辐射作用，新媒体在这些地方相对发展较慢。据中国互联网络信息中心（CNNIC）2007年发布的统计报告称，农村网民成为新增网民的重要组成部分。此外，我们在政府资源、社会资源、熟悉本土地域、公信力、新闻采集等方面还具有相当的优势。这一系列有利条件就为我们作为当地及周边唯一的主流纸质媒体留下了创办发展新媒体的生存空间和可能性。

（2）从报社经营的角度看，发展新媒体是必然趋势。报纸是报社的产品，但它不是传媒企业唯一的产品，一个报社将自己的经营长期压在一个产品上，抗风险能力无疑是极差的。相对于新媒体，我们传统纸媒的传播速度较慢，在信息量、检索力、互动性等方面的弱势是人所共知的。更何况报纸在某种程度上现已沦为网络传播链条最低端的内容提供商。在这种局面下，我们如果还不介入新媒体进行战略转型，报社陷入传媒市场无力回天的被动局面就为期不远。

量力而行，适当投入新媒体

目前巴渝都市报社已开通上线的巴渝传媒网、《巴渝手机报》、《巴渝数字报》等新媒体，创办之初我们就遵循量力而行、适当投入的原则，把介入新媒体作为传统纸媒拓展生存空间、跟上传媒业发展步伐的手段。因地制宜，充分发挥所处环境优势，不搞大规模投资，以免陷入本身实力不强、报社总体规模小经不起折腾的狼狈境地。同时，在介入新媒体的过程中，重点解决发展方向和信心问题。方向就是明确介入的新媒体未来的潜在市场，信心就是尽最大努力找到现实盈利模式。

新媒体策略：本土为先，服务为王

在本土为先、服务为王的思想指导下，我们创办的新媒体大到理念、定位、运作方式、经营机制、机构设置，小到栏目设置、选用稿标准，都力求本土化，突出服务性，站在读者、受众的角度思考能否接受，在多大程度上接受你提供的信息、新闻和服务。甚至硬性规定，网站、手机报的本土、服务内容要占70%~80%，并且在版面位置上要抢眼，占绝对的主导地位。尤其是服务性内容要以本地读者爱不爱看、是否想知晓、是否需要为标准。树立以受众为中心、以市场为主导、以互动为前提的办新媒体的理念，结合报媒、户外、车身等多种营销载体和手段，打造新媒体应有的销售宽度。

此外，对"服务为王"的理解，还体现在网站、手机报等新媒体对外开展经营业务的服务上，无论是为业务对象制作网页、维护网站、更新页面，还是制作电子书籍、办培训班等，都坚持市场化导向和原则，坚持顾客至上，用心为其服务。

（作者陈杨 原载《全国网络传播界》杂志2009年12月）

秉承本土为先、服务为王的办网策略，巴渝传媒网走上了开疆拓土之路——

2006年，推出弘扬涪陵人文精神系列报道《都市印痕》《成就库区牛大王》《高山之巅人为峰》等典型，让重庆直辖后中共涪陵区第一届全委会倡导、沉寂多年的涪陵精神——"团结求实、文明诚信、艰苦创业、不甘人后"，重回涪陵人视野。

2007年，重庆直辖10周年，推出"回眸成就看直辖""庆直辖十年、展涪陵风采"专题，浓墨重彩讴歌直辖10年来涪陵取得的新成就。6月18日直辖市成立日，对本地盛大的庆祝活动，尤其是璀璨的烟火晚会和首届重庆文化艺术节涪陵会场开幕式给予文图并茂呈现，收获了大批粉丝，助力报社荣获涪陵区直辖十周年宣传活动优秀组织奖。

2008年，改革开放30周年，推出网络报道《盛世华章——改革开放30周年纪念专题》，荣获全国地市报新闻奖一等奖。策划组织全国32家网络媒体开展"魅力新三峡——库区网上行"特别采访活动，对涪陵经济社会发展成就、对口支援、外迁移民现状作全方位报道，100余篇网稿发布时均标明主办单位"巴渝传媒网"，网站影响力得以彰显。

2010年，策划推出"十大人物系列评选"活动，将线下活动移置到线上，突出为网民服务功能，成为当年本地新闻事件，助力网站荣获"全国地方网站创新发展杰出贡献奖"。

…………

这是传统媒体一帮人移植办报思路的小胜，要将网站打造成"第五媒体"道阻且长。

作为第一个新媒体平台，网站依托报纸编采队伍供给内容，鲜有自己的原创作品，复制粘贴刚出版的报纸是编辑岗位的主业，编辑还负责设计制作页面、栏目或广告。名为"新闻网站"，实则是传统纸媒内容的翻版，只是承载介质发生了变化。

另一掣肘是，网站在报社内部是一个中层机构，不具有法人主体资格，人财物由报社统管，一切在满足报纸正常运行的前提下才会思考网站诸事。

成立近两年，网站才开始平台建设。2008年8月13日"巴渝数字报"开通试运行，8月16日《巴渝手机报》上线推送。

先天营养不良，是大多数地市报介入办新闻网站的共性。

回头看，形成此局面的原因是多方面的，我认为主要有三点：

一是定位模糊。对一家媒体机构而言，网站是当成一个独立的新媒体平台打造，还是以跟上媒体变革步伐为由，制造报纸的一个衍生品？

对传统媒体人而言，新媒体基因原本缺失，面临的是前所未有的崭新挑战：既要有政治家办网的高度，还要深谙网络营运竞争之道，最关键还要掌握最新的互联网运用技术。忐忑不安思维下，名为新闻网站，实为报纸的复制品。此痼疾，至今各新闻网站也未必治愈。

二是形只影单。打造新媒体平台不是局部试验，而是媒体历史上从未有过的万里长征，缺乏多方支持与配合，迈步前行必然很难。

比如，要获得主管部门支持，需层层审批，每层审批又要牵涉多方考量，让每级审批者都能理解发展新媒体的重要意义确非易事。又以人才为例，传统媒体妙手著文章、铁肩担道义，令人十分仰慕，高校新闻专业毕业生、社会优秀人才乐于加入，但面对新媒体，谁也没必胜把握，优秀人才顾虑更多，想招到心仪人才困难重重。巴渝传媒网站长几年换了六个人，人岗匹配之难可想而知。

再以资金为例。人们常说，钱不是万能的，但缺钱那是万万不能的。只说支撑新媒体基本运转的服务器，没几十上百万投入根本无法上线，而这对任何一家基层传统媒体都是天文数字。"巴网"上线两年后才开始建设，还是搭上了报纸印刷设备更新的船。

就生存环境而言，发展新媒体形只影单、差人缺钱，毫不为过。

三是急于求成。让人匪夷所思的是，网站上线第二年就酝酿经营事宜，开设经营性质的专题栏目，第三年下半年开始实行风险经营，真正实现了还没学走就学跑。包括自己在内，至今也不明白当时是咋想的。但有一点肯定，那就是报社太穷了，穷则思变，但变的载体拿新媒体开刀，太急功近利了。

论坛，"开门办网"的样本

在网站蹒跚起步过程中，"论坛现象"引起了媒体人的热议和思考。

网站互动栏目名"巴渝论坛"，上线不久就成了最活跃的板块，注册网民越来越多，发帖跟帖量与日俱增，线上线下给管理事务组的建议意见特别多。

尽管如此，最初并未入网站管理者眼帘。

全国纸媒办网站，设论坛栏目的有，说不上普遍，当时如日中天的"天涯社区"，属民营性质，五岳散人、宁财神、三七、十年砍柴、当年明月等许多网络名人都混迹于此。由报社创办、声名显赫的是杭州《都市快报》孵化出的一个本地生活类论坛"十九楼"。

设不设巴渝论坛，决策时是有人提出异议的，理由有三：一是帖子管控难度大；二是同城已有一家商业网站"涪风论坛"，起步早，先声夺人，经营得风生水起，同质化竞争，胜算难料；三是观念上认为"泡""逛"论坛的网民，"无所事事"，"游手好闲"，发帖发声"不主流"，甚至"不入流"，鸡零狗碎，插科打诨，纯粹茶余饭后的谈资，弄不好还会引发舆情。

此看法有一定道理。从论坛注册的ID号可见："霍幺毛""胯下有杀气""香槟有毒""流泪的农民工"等等，不一而足。

也难怪，网民来自社会各阶层，三教九流，鱼龙混杂，良莠不齐，想取个与众不同的网名引人注目，聚集更多粉丝，更何况没哪条哪款不让取别出心裁的网名。

确实如此。

让"拿豆包不当干粮"的人狠狠打脸的是论坛网友对主流媒体的鼎力相助和倾情投入，才让人见识了你以为是青铜，哪知人家才是网络真正的王者。

遇重大、突发事件，"我在现场者"有图有真相，发帖迅速，在正面引导下，基本做到了帮忙不添乱；个人关注、兴趣，大多秉承不只唱赞歌，也为平民百姓发声，体现了位卑未敢忘忧国的家国情怀；于媒体而言，当然看在眼里，喜在心头，它聚集了网站人气，丰富了论坛内容。

网友，成了网络宣传异军突起的一支新生力量。

网站以论坛内的栏目为基本单元，由管理事务组和版主率领，定期不定期组织开展线下采风、见面互动活动，共商考核标准和发帖任务，个体话语权得到尊重，积极性充分调动。

活跃的表现，新舆论场的形成，引起了党委和主管部门的关注，区级层面的网友座谈会连续多年举办。每次，区委书记和有关部门领导与网友面对面，介绍区情和行业发展现状，解疑释惑……这是官方对网军的新态度。

网友"现代乡绅"，长于思考，帖子质量高，不仅将自己的养殖、兽药业经营得红红火火，多次荣获市、区奖项，还积极参加论坛活动，建言献策，是论坛网友不可多得的佼佼者。"风铃传说"，户外运动达人，被所在企业派往孟加拉国参加"一带一路"项目帕德玛水厂运维,见闻以文图并茂方式发论坛,点赞跟帖无数。"何小姿",名不如其人,小资情调不浓,常笑意盈盈,逛泡论坛发声迅速,帖子秒回,异常活跃,可惜后求职成都,涪陵网军少了一快枪手。

实践证明,开放的论坛没有引发舆情,带来的是论坛的旺盛人气,引流的是对主流媒体的更多关注。

不只这般,报社主办读者节、房展会的现场都有他们助威的身影,小记者海选、世界旅游小姐大赛,爱好摄影的网友举起长枪短炮……2011年,网友们终于迎来了自己的高光时刻。

这年初,报社新领导到岗,从政经历丰富、年富力强、眼光敏锐的总编辑周烽,上任不久就在编委会上提出要着力打造网站论坛,用好用活网友资源。

网站建设重新出发。

拟定了"下一步发展思路",核心是发挥本地唯一具有新闻发布和视听许可资质的优势,打造集网络新闻、数字报、视频、论坛和手机报"五位一体"的网络主流媒体,最终培育成继报纸、电视台、电台之后的第四媒体。聘请一批有思想有文字功底的网评员任版主,主攻"巴渝论坛"。

年底,首届巴渝传媒网年会几经策划,终于在地标建筑"涪陵饭店"举行。那天火爆的场景至今历历在目。

活动前,网友们在体育场盛装走红毯,欢声笑语,喜气洋洋,高跟鞋走掉了跟,一踩一拐也要走完全程。会场内,喜气洋洋的笑脸随处可见;报社领导给优秀帖子作者发奖,掌声如雷;网友自编自演的精彩节目依次登场。网友和媒体人打成一片,开心地度过了网站的"历史瞬间"。

那一刻,让人坚信做大做强新媒体的曙光已冉冉升起!

回首网站探索发展的历程,本土为先,服务为王,不仅体现在内容方向上,还着眼于人,调动有利于新媒体发展的有生力量,这无疑是最大法宝。"开门办网",在论坛成长上体现得淋漓尽致。

如今虽然物是人非,网站已更名为"涪陵网",论坛早已不知所踪,但回首往昔,重上井冈山,是为更好地走好新媒体的长征路。

手机报免费看?

2011年7月27日,周三。

我负责报纸终审。当天20个版,编辑愁选不到一版导读头条,编辑中心副主任赵序建议用《涪陵10万农户免费看〈巴渝手机报〉》。不错,这是涉及本报的一条大新闻。

《巴渝手机报》由我主持创办,2008年8月18日首发,报头广告词"涪陵新视线,掌上多媒体",由我拟就,沿用多年。

手机报的编辑、出版、发行,倾注了我大量心血,尽管当时只有2000余订户,但它是本地市场第一个掌上新媒体,读者是主流人群。

2004年7月18日《中国妇女报》推出全国第一家手机报——《中国妇女报·彩信版》,至2008年初,从南到北,已有近30个省市级报社推出了手机报,掀起了手机媒体发展浪潮。

"一机在手,资讯全有",是当时各类手机报的推广思路。确实,手机比电脑更普及,手机报比报纸、广播、电视传播更便捷,可用短信订阅或互动。据信息产业部保守估算,2007年我国手机用户已达5.2亿,超过了任何一种传统媒体的受众。

各路英豪纷纷创办手机报就不难理解。

《巴渝手机报》强调以民生、都市新闻为主，兼顾实用信息，因容量有限，最初图片只能用2张，故选图要求精彩、画面唯美，尤其要考虑像素是否恰当。

对编辑则要求对每条新闻进行"二次加工"，像编短信一样，简洁明了。

没做手机报之前，我也认为编辑工作很容易。不就是把现成的新闻或信息删减粘贴吗？躬身入局，才知远非想象那么简单。

面对本地和各种渠道的巨量新闻信息，选什么文图？稿子要用70个字说清楚，并让读者爱看，编辑功力不是一般人所有。

在一次培训会上，我从具体操作层面，对编采手机报着重强调要树立"三个意识"。

一是记者树立"短信高手"意识。"五要素"不一定要全，但要让人看明白，不能云遮雾罩，标题要精粹，控制字数，文字要反复斟酌、简练，表述尽量简化。比如，能用简称的不用全称，尽量不用副词、虚词、形容词，"的""但""却""然而""因为""所以"等字词绝大多数情况下可以去掉。

二是编辑树立"本土为主"意识。以"新、民、准"为选稿标准。"新"指最新报道；"民"指民生新闻；"准"指瞄准本地用户。先问："我感兴趣不？"《巴渝手机报》的订阅对象主要是上班族，他们关注什么？渴望看到什么？

三是包装树立"版面意识"。这是最易忽视的硬伤。手机报的阅读强制性，决定了你怎么排版，用户就怎么浏览。标题集中放首桢还是放提要？图片放在哪桢？特别提示、广告放哪里？栏目名称横着还是竖着？一定要从用户阅读习惯和角度思考。

随着智能手机时代的到来，手机报从以文字图片为主，发展成视频、动漫、海报等多样式的彩信掌媒，在手机App、微信、微博横行的当下，它依然顽强地活着，"巴渝系"新媒体平台，至今硕果仅存的只有爱涪陵App和手机报了，尽管已改名《涪陵手机报》，但它仍每天发送。

但手机报的生命力还能持续多久？我是有疑惑的。

一是阅读有障碍需耐心。受单屏字节容量限制，排版后，一桢从只能显示几十个字到现在有所扩容，但看完一条新闻常常需翻页，如遇信号不佳和流量限制，中途放弃是必然。

二是订阅费用制约。4~10元包月不等，《巴渝手机报》包月3元，多年未变已属稀有。如单独按文后地址下载链接，有可能要被另收短信费。

三是内容同质化严重。这是新媒体的共性，一家媒体机构多个平台，同一内容编辑后都在推送，自身平台的原创或独家内容很少或者没有，更遑论有自己的专业采编队伍和运作体系。

四是盈利点困惑。媒体不挣钱就难以为继，新媒体昙花一现者不在少数。重庆《綦江手机报》，采取将报头位置进行拍卖等营销手段，全年手机报收入上百万已实属罕见。

《巴渝手机报》创办3年，一直入不敷出。转机出现在后台运营商移动公司取得的"真经"。

他们学习其他区县经验，以信息扶贫为由，联合报社一起，游说主管部门领导，由政府出资为农户免费订阅手机报。

思路看似正确，操作极其复杂。我与移动的副总和他的两名得力干将，跑了无数趟领导办公室。

高兴的是，敲定由区财政出资，给全区10万农户订阅手机报，其中绝大部分资金归移动公司，十分之一给报社作编采费用。这就是"涪陵10万农户免费看《巴渝手机报》"的由来。

杯水车薪，但对一门心思想发展新媒体的报社，犹如打了一剂强心针，信心更加笃定。

冷静看，此种找"市长"不闯"市场"的思路终究不是长久之计，大致输血了三四年，补贴无疾而终。

无论建网站还是办手机报，几年的实践，对一家传统纸媒并没破局重生，更像是报社"自己要搞一新玩意"，缺乏当地党政高层的顶层设计，就谈不上鼎力支持，加上自身观念、机制、业务、经营、技术，与新媒体的内在要求不仅是"一步之遥"，甚至仍是传统办报思维和模样，结果沦为报纸附属品是必然，社会效益与经济效益自然很低。

报纸不只是一张报纸

报纸在市场上的存在感式微，新媒体弄得前途未卜，转眼2014年到来，这是业界公认的媒体融合元年。

芒果台播出的电视剧《亲爱的自己》，男主角陈一鸣与面试官对话，说自己有丰富的新媒体策划经验，面试官"回怼"："新媒体已经过时了，现在大家都在玩融媒体。"

这是影视屏幕上少有的涉及媒体概念的内容。

针对网友的热议，有媒体专家做了一个科普——

新媒体，是一个泛指的、相对传统媒体的概念，广义的新媒体运营是指所有互联网端、移动端的运营业务，狭义的新媒体运营主要指用户运营和产品运营。融媒体，是指传统媒体与新兴媒体的全面融合，以人员融合、机制融合为基础，以传统媒体和新兴媒体优势互补、统筹协同为前提，实现资源融合、内容融合、渠道融合和利益融合。强调"融"的理念和过程。

局外人听了此解释仍云里雾里。

简单说,新媒体也好,融媒体也罢,还有全媒体、智媒体,其实都是形态丰富的互联网媒体,它不是指具体的某一类媒体或一家媒体平台,而是一种概念,是媒体融合的简称。

2014年8月,中央深改小组第四次会议出台《推进传统媒体和新兴媒体融合的意见》,目的是推动传统媒体与新兴媒体有机融合,以适应互联网时代媒体的发展趋势,也为传统媒体转型指明了方向。

自此伊始,"融媒体"成为热词。推动媒体融合成为国家战略。

如果说创办网站、手机报是传统媒体转型的1.0版,那么推动媒体融合就是2.0版。此时放眼全国,无论传统媒体还是以门户网站为代表的商业媒体平台,都面临同样的严峻考验:用户群体正快速向移动端迁移。天生从市场摸爬滚打成长起来的商业媒体平台,没有媒体融合的概念,只以惯有的极度敏感和野蛮生长姿态,迅速迭代升级,推出各类手机移动端。

物竞天择,适者生存,媒体从"相加"到"相融"的洪流已势不可挡。

从新媒体到融媒体,许多地市报纸从应变到求变,主动而为,着力深层破冰,打造新型主流融媒体。

艰难脱胎于党报,到成功创办都市报和新媒体,骨子里具有创新基因的《巴渝都市报》,面对维持运转的广告营收断崖式下滑,为生存突围使出浑身解数效果不佳的状况,强烈感受到传统纸媒救亡图存,打造本土最权威新型舆论阵地的必要性和重要性。

2015年11月,报社领导班子又重新任命。我仍任副总编,社党委自发文件任编委会主任和巴渝传媒网总编辑,一句话,"一串做事的名头"。

俗话说，"当官当副，不当常务"，"常务"难当，酸甜苦辣、喜怒哀乐一言难尽。好在认识到位，任何媒体机构的常务，都逃不出主抓新闻业务这个核心。有信心，更重要的是可延续骨子里的新闻理想。

自然而然，尽心竭力推动媒体融合发展，成了我工作的主业，也是几十年媒体生涯的新挑战。

此刻，本地媒体市场乱象丛生。也许是得益于涪陵从20世纪90年代以来工业经济"九朵金花"的强悍，或是长在长江边的人思维活泛，或是创办新媒体门槛甚低，社会上乱七八糟的各类网站和"两微一端"如春风吹拂，长满城市。弹丸之地，用户不辨真假和强弱，对官媒而言，地盘无疑被蚕食。

好在不是对手的对手们没有一家进军客户端，要在这样的环境中鹤立鸡群，创办一款官方的新闻App，成了当务之急。

此时放眼全国，《南方周末》2009年率先在iPhone上发布客户端应用。第二年，各大媒体相继跟进推出新闻客户端。据《2014中国媒体移动传播指数报告》，截至2014年6月底，全国已有432家聚合类新闻客户端。

形势逼人，新上任的一把手张波牵头，编委会反复讨论，取名字，做方案，与科技公司洽谈软件开发，斟酌页面设计、栏目设置，配选编辑团队……"爱涪陵"App呱呱坠地。

无甚新意，但它是本地首款新闻移动端，是主流媒体当仁不让实施移动优先战略，打造信息量大、方便易用的掌上媒体的"王牌"。

如同任何新物种面世，都会给人带来新奇感。"爱涪陵"定位于打造本地最权威的新闻移动门户，构建连接官方与市民的融媒体平台，在内容选择、栏目设置、界面设计、互动功能等各环节精心策划，精雕细刻，力求全方位给人新体验。

新闻展示有文字、图集、文图直播、视频直播、音频、视频、航拍、语音播报、H5、VR，给人以"我在现场"的身临其境之感，并可在新闻后面实时评论互动，投票参与问卷调查，随手可将喜欢的内容分享到微信、微博、QQ空间等第三方社交平台。

首页《精选》栏目，大图、缩略图、窄图、三连图灵活运用，"三步一'景'，五步一'美'"，页面语境让人过目不忘，重点栏目设计焦点图，直播、节会活动设计封面图，重点稿件美化设计，传统节日、节气、重大节点设计开机图……与传统纸媒完全不同的视听化呈现，一时赚足了眼球，刮起了下载"爱涪陵"旋风。

最吸睛并让人自觉关注的是"涪陵早晚高峰时段路况信息播报"，以及几乎天天都有的"神秘礼品免费送"，全民乐此不疲的"爱涪陵 晒晒爱家乡的 N 个理由"、有奖竞猜、抢红包、抢楼、集点赞活动。

尤其引人津津乐道的是《问政》栏目，市民可将文图提交职能部门，随时查看回复进度，并对处理意见追评，搭建起官民沟通的桥梁。《分享》栏目让网友随时随地将身边见闻甚至个人心情与人分享，他人可对其评论、点赞。

事实证明，评论、分享、活动功能的强互动性，是增强 App 黏性的不二砝码。

最有特色的是《晨读党报》。每天一早精选《人民日报》《重庆日报》《巴渝都市报》当日版面和内容，既可看还能听语音播报，让繁忙的早晨阅一"报"知天下。

最文艺的是《城会玩》。音频、视频与文图融合，专门推介本土文化。有朗读达人读散文、诗词；有音乐人士创作、演唱歌曲；有摄像爱好者制作的短视频，本土人文气息浓郁弥漫。

最新奇的是VR：滑动手指，可欣赏360度全景画面，插入音频、文字，让人身临其境，《新年新视角！用你的手指"玩转"涪陵城》上线即成爆款。

"让阅读成为一种享受"，"爱涪陵"做到了，荣获2017年"全国地市网络媒体最具影响力十强品牌"，在重庆市连续10个月被评为"十佳客户端"。涪陵区人口110余万人，下载安装用户36万。

乘势出击，持续发力，报社搭建的1+8全媒体方阵（即报纸+网站、视频、论坛、客户端、手机报、微信公众号、手机台、官方微博）最终成形。以"爱涪陵"的成功创建为契机，报社在"一报一端一网两微"之间实现了用户、内容、资源融通，抢占了本土移动传播制高点。

此时，"中央厨房"因无钱建设还停留在嘴上，但各平台用各类社交软件实现了"一次采集、多种生成、多端发稿"。一家融媒体机构初露锋芒，官方声音与民间表达相呼应的新舆论场初步形成。

举一典型案例。"涪陵造"SWM斯威X7互联版汽车，在全国22座城市同步上市，这是本地工业园区打造汽车产业基地的重大事件。融媒体各平台是这样呈现的——

《巴渝都市报》一版刊发消息《"涪陵造"SWM斯威X7互联版汽车3款车型，全国22个城市同步上市》，打上二维码链接两微一端一网，中规中矩。"爱涪陵"客户端、"涪陵眼"微信公众号、官方微博、巴渝视频同步推送《"涪陵造"三款新车上市，它其实长这样》，标题吸引眼球，文图视频融入其间，行文采用新媒体话语体系，以"小爱"身份介绍内容，主体部分转为拟人手法编辑，亲切、俏皮。长尾阅读多条有关汽车资讯。读者留言评论紧随其后。

这就是融媒体要实现的"互联互通,你中有我,我中有你"。

此模式也成了各平台的常规操作。报纸一版链接网端微看点稿二维码,以便延伸阅读;网端微稿文尾或文中插入链接,查看其他平台内容,回顾过往稿件,了解新闻背景;客户端"视频"板块与网站"视频"栏目连通,文图直播时尤其观看方便。

报社已不再只有一张报纸。

此刻任社长兼总编辑的张波,从练习生起步,一辈子从事媒体工作,全程主导融媒体打造,对新闻职业不仅深情款款、依依不舍,更有深刻的心得。

他在编委会上提出,融媒体各平台的内容定位:新媒体做速度,短、平、快推送,根据平台特点实行差异化呈现;报纸做深度,提供有温度、有内涵、有品质的新闻和"悦"读享受。坚决摒弃媒体融合是"副业"的意识,让编采主力军挺进新的主战场,把融媒体这个"变量"做成最大增量。

每周一的编采例会、每天两次的编前会,策划、用稿都从融媒体思考,报、网、端、屏分别设总值班,终审把关。

张波说,目标是最终实现"123"。即以媒体融合发展为一条主线,以全媒体传播实现社会效益和经济效益"两翼"齐飞,达到上级党委政府满意、读者和用户满意、媒体人自己满意的"三赢"效果。

在坚持"本土为先,内容为王"理念指导下,融媒体各平台的运行证明,探索出了一条区域性媒体融合发展之路。报社获"金长城传媒奖——2017中国传媒融合发展年度影响力都市报奖";"爱涪陵"客户端入选"全国地市网络媒体手机客户端最具影响力十强";H5系列《幸福涪陵·魅力乡镇 新媒体走基层》《涪陵这所乡村学校拍的微电影让人泪奔》《出新专辑了!焦石的这些歌要火(这段视频也要火)》等多个融媒体作品被评为首届重庆党报公众号好新闻十佳作品。

这一切，是一家区域性媒体全体同仁以锐意进取的姿态，舍我其谁的担当，敢破善立的创新铸就的最后辉煌，此景从此不再。

临近退休，张波离开从业近40年的媒体。

第八章　融合，没有终点的远方

我是谁？

一家传统纸媒搭建起融媒体平台后，内容该怎么做？对媒体人而言，"内容为王""轻车熟路"是两种普遍心态。

"内容为王"认识没错。内容是生产力，内容吸睛，才有点赞评转，才有流量，有流量才有传播力，说内容是核心竞争力毫不为过。

但自以为"轻车熟路"，就是基于办传统媒体心态，虽都叫"媒体"，事实上此媒非彼媒，否则业界也不会把互联网早期的四大门户网站都称为传统媒体了。

办纸媒相对简单，不偏离定位，找选题、采访、写作、编辑、出版、发行，稍复杂的是策划、经营，需要的采摄、制版、印刷设备和技术都很成熟，预算投入可把控。

而媒体融合，全新的世界，只说一项技术的掌握，还不说迭代更新，都让人晕头转向，不知所云。

所以我认为，融媒体各 IP 平台的系统规划是首问必答题，否则沦为传统媒体的搬运工毫无悬念。

系统规划如何进行？可从战略、策略、战术三个层面思考。

战略是融媒体整体定位和方向；策略主要是如何推广；战术是具体稿子和产品怎样生产。

前新华社记者、智纲智库创始人王志纲先生说："战略就是找魂！找魂主要回答'我是谁？''我从哪里来？''我要去哪里？'，解决'唱什么调，树什么旗，走什么路'等核心问题。"

无论承认与否，传统主流媒体打造的系列新媒体，都是官宣新闻平台，社会各界也都这样看待。让"主旋律更响亮，正能量更强劲"是它的核心功能，围绕中心服务大局，提供聚合性新闻资讯是它的本分。战略定位异常鲜明。

但进入操作层面，始终围绕战略定位前进却不是那么容易的事。

按规划和思路，"巴渝系"爱涪陵 App 的愿景是打造成一款坚持"新闻+"理念，做精做强新闻主业，顺应用户多样化需求的聚合主流客户端。

但众人最感兴趣的是"新闻"+政务、+服务、+产业、+项目、+电商的营运模式，此关注点没错，媒体行业甚至记者职业的边界都在消亡，探索建立"新闻"+政务、服务、项目等运营模式，已成为新媒体运营的方向。如能实现，它将会让媒体在当地社会事业发展史上留下浓墨重彩的一笔。

愿景是美丽的，现实是骨感的。新闻+的每一项，不仅需要投入大量的人财物开发掘进，更要有调动各方资源的强大能力，这是报社鞭长莫及的，假如一切操作到位，还不敢保证有市场、有用户。你可以理解为思想不解放，但这就是大多数参与者的心态。

所以，新闻+的政务、服务，就只能是页面上推送天气预报、打几个职能部门的电话号码，线下活动结束发一堆文图，新闻+的产业、项目、电商，时至今日，也未见踪影。但几年后，"爱涪陵"的愿景在一款 App 中得以实现，那就是由重庆市政府主导开发的《渝快办》，结婚证在上面都可查。由此可见，有调动各方资源的强大能力才是根本。

新闻+电商也不完全是空想,早在2013年9月报社网管中心就草拟了"电子商务项目运作可行性及发展思路"。当时本地有几家商业网站开始尝试做电商。"思路"对本地电商市场现状、营销模式、经营品种、使用软件、促销手段、人气指数进行了调研分析,我们的机会和优势、运作策略、组织架构、人力配置都做了论述,让人吃惊的是预算只需投入几万元,目标是"三年打造成渝东南第一电子商务平台"。

如此美好的设想,暂不论投入多少,关键是谁来做?谁又能做?还在小范围传阅时就胎死腹中。

还有一件黑色幽默的事。一家主城的互联网金融公司,不知从何渠道得知"爱涪陵"要做新闻+项目,提出合作运营"奶牛计划"的可行性报告。一位从本地金融机构离职的美女,以高管身份,身着职业套装在会议室向一帮编辑记者讲解。

我位列其间,洗耳恭听。操作方式是这样的——"奶牛"的App链接我们的App,只要下载"爱涪陵",就有两种收益方式:绑定银行卡、投资理财产品,"爱涪陵"还另可获得进阶收入。

对方声称,此操作是互联网金融P2P的升级版,媒体、用户、金融公司三方都能获利,"重要的是能提升爱涪陵的装机量及用户黏度"。理财产品除标注"投资有风险,理财需谨慎"提示语外,还将在合作协议中明确消费争议或司法纠纷由金融公司解释和处理,与媒体无关。媒体只做一件事,负责宣传推介"奶牛计划"和理财产品。

一份看上去很完美的合作协议。其时互联网金融P2P正如日中天,对正缺钱少客户的报社,吸引力不言而喻。好在一帮坐办公室的媒体人都不懂,听完就闪,再无人提及这档子事才救了大家。

没过一年，网络金融P2P开始爆雷。重庆主城一家如雷贯耳的纸媒，主要负责人就因为带领团队介入此行，落得报社关门，自己身陷囹圄。

做事就是这样，选择比努力更重要！眼光比能力更要命！

新闻+非新闻项目不是不可做，相反，它是新型主流媒体成长的必选项，尤其传统媒体必须做新闻+才能有用户，才有生命力。

道理都懂，但在新媒体起步阶段，多考量与平台战略定位是否相符，时机、条件成熟与否，是需要战略思维的。全国地县级"新闻App"还没有一家做非新闻项目成功的案例。

认清自己是做新闻资讯平台，目标客户在主流人群，为用户提供权威独家时政报道、新闻背后故事、官方立场观点等主打内容，这不仅是传统纸媒办新媒体无可比拟的优势，更是找准战略定位的底层逻辑。

但可能有人会说，新媒体是否仍未跳出传统党报的定位窠臼，此认识就幼稚了，"党管媒体"是国情所决定的，是基本法则，是新形势下意识形态始终占据主导地位的重要保障。强调媒体融合，全国县级层面用三年时间完成融媒体中心建设，目的就是搭建自主可控的权威信息枢纽平台，将话语权掌握在自己手中。脱离"我是谁"这个身份谈战略定位，就是耍流氓。

但传统媒体办新媒体有一个致命弱点，那就是各个账号定位缺乏差异性，千篇一律，都是"提供有价值的新闻资讯"。说某条稿子自认为重要，各平台都刊发，很少甚至完全没思考是否有流量。说到底，是典型的讨好采写对象，我写你看，灌输式宣传操作。沦为谁写谁看，写谁谁看，阅读为个位数是必然结果。

之所以叫新媒体，读者是随机不可控的，是以他自己的兴趣关注、浏览，是否有用有趣有价值不是你以为，是网民说了算。

试想,你在某平台看了一条资讯后,还会另找一个平台看同一条内容吗?

没有准心的枪,打不中靶。认清自己,我擅长什么?能提供时政要闻、健康顾问、风土人情、文学艺术、职场创业、时尚美妆吗?择其一题材清晰定位,瞄准目标人群,选题、内容、呈现尽量避免同质化,策划好这一切再开工。假以时日,平台下自然会汇聚一群垂直细分的志同道合之人,点赞阅读数就不会太尴尬。

防止沦为新版纸媒

资深媒体人詹国枢说:"大命由天,小势可为。"

打造新媒体,战略方向明确了,就不再是无头苍蝇,余下就是一帮专业人士上场表演。分析竞争对手,知己知彼;规划栏目,整合内容;增强视觉传达,提高阅读体验。

以"巴渝系"新媒体平台的实战经验看,防止内容沦为新版纸媒是编采要特别警惕之事,也是"小势可为"的发力之处。

以公众号"涪陵眼"为例。

"涪陵眼"2015年7月8日上线,定位为"涪陵本土最具价值新闻资讯发布"。公众号推送了5年,2020年12月31日停更时显示"原创内容797篇",用户量1.05万。所谓的10万+爽文聊胜于无,一只手数就够了。不客气地说,这也是全国地县纸媒营运公众号的普遍数据。

为何劳神费力是这样一个结果?

核心还是战略定位出现了偏差。虽然搞清楚了"我是谁",

但避免定位同质化是基本要求。作为一款比任何新媒体使用更便捷广泛的平台，微信公众号自带流量、自愿传播、自愿阅读、交互性强、读者群体层次更丰富，是最接地气的媒体平台，不沉心静气仔细斟酌，研究本地竞品，囫囵吞枣、不求甚解地上马，注定事与愿违。

《巴渝都市报》记者徐华东，长期专注民生报道，哪里窨井盖坏了，哪里消防栓漏水了，社保办理遇到了什么困难，商家对投诉不理不睬……群众身边事烦心事，事无巨细写成民生新闻，他不仅成了有关职能部门的座上宾，市民更是非常喜爱，常常找上门点名要见"徐记者"。报纸受启发，专门开辟《记者帮办》专栏。

由此引申开来，假如公众号定位聚焦民生新闻领域，少一些宏大叙事，与群众同呼吸共命运，将服务群众贴近群众嵌入日常生活，让人体会到你这个平台"有用""实用"，有可能就是另一番景象。

广东佛山一个镇办公众号"南海大沥"，粉丝突破 100 万，秘诀之一就是将服务民生做到了极致。复旦大学新闻学院教授张志安的观点是真经："基层政务机构媒体运营的秘诀在于贴近贴近再贴近、服务服务再服务。"

对照火爆全网的官宣公众号成功经验，除内容定位外，战术上未能找到流量密码的主要原因大致有三。

一是热点抓不住。地方官宣号，往往眼光只盯住本地社会热点，视野不开阔，缺乏站在大众角度发现与本地关联性强的热点思维和敏感，即使自己已非常感兴趣了，也以一句"不是本地的"而不敢触碰热点题材。比如，"嘲讽小镇做题家"，这对基层地方号是非常接地气和亲近的热点题材，"浙江宣传"就发文《嘲讽"小镇做题家"是一个危险信号》，旗帜鲜明地指出"小镇做题家"不应被嘲讽。此观点代表了大多数网友的心声,也让"浙江宣传"出道即掀起一波高潮。所以,地方号主动蹭与本地接近性强的热点话题应是题中应有之义。另请牢记,移动平台是没有地域概念的。

二是痛点不敢碰。痛点往往是当地的丑事滥事,官方肯定不愿广而告之,行话叫负面新闻。地方号对这类话题要么失语,要么姗姗来迟,全网都沸沸扬扬了,此时想以正视听,效果肯定大打折扣。按网络舆情与突发公共事件危机管理的基本原则是:"快报事件,慎报原因,依法处置,公开结果。"危机发生后,24小时是黄金时间,第一个6小时是最佳处置时间。第一时间讲,以我为主地讲,持续不断地发声才是王道。"按照人的一般认知与接受规律,发布是被信任的,而解释总是被怀疑的。"如愚蠢地封、堵、删,长此以往,主流官宣号的声音就会越来越难以直抵人心。

三是泪点戳不中。此类话题少有庙堂叙事,一定是日常为生活奔波劳累的具体人和事,如"回村三天,二舅治好了我的精神内耗"等。"学会多说人话,用让人舒服的方式去和网友对话。"这是"浙江宣传"的经验之谈。换言之,站在民众视角思考、表达、呈现,用心用情讲好一个故事、共情共鸣表达态度,才能激荡人心,戳中泪点,文章出圈只是时间早迟。

解剖了"涪陵眼"欠缺流量的致命伤,"小势可为"对写作者同样有努力空间。

语言风格首先要改变。习惯了纸媒的话语体系,给公众号写稿提倡精短,言辞平实,段落、句式简洁明了,切忌过长,以便于快餐式阅读;用词不要太生僻、太绕口,读者是不会去翻字典的;可适当嵌入约定俗成的网言网语,如"首秀""给力""悦动你心""硬核"等,可增强亲和力和感染力,丰富语言表达。

但忌用易产生歧义、低俗化、粗鄙化的网络新词,如"蛋疼""撕逼""然并卵"等。

写稿角度要选取小切口。一滴水见太阳,从贴近社会、与民众利益相关的点去找去写新闻。民情民事、常理常情总能打动人心。在党的群众路线教育实践活动中,我下到本地一个移民大镇采访,发现街道3500户居民安上了新门牌。"家住长江边,有高速路、铁路、水陆交通,但没装门牌号,网购地址都不晓得怎么写,给人留下偏僻印象。"群教活动效果是以为民办实事来检验,选安门牌这个小切口写稿,反映了情系百姓所盼所想的大主题。

努力寻找独家新闻。小地方"独家"难找,但挖掘的有效方法很多。业界提倡"脚板底下出新闻",走别人不想走的路,去别人不想去的地,多倾听多思考多比较;到达现场后不做旁观者,东瞧瞧西望望,善于发现并捕捉,在竞争中做到人无我有,人有我新;功夫在诗外,从旧闻中淘与现实相契合的新事实新进展,赋以新内涵。这些都是斩获独家新闻的秘籍。

公众号文章还有一个让人诟病之处,那就是"标题党"的泛滥。点进去后要么文不对题,要么内容乏善可陈,给人受骗上当之感。

标题要出彩吸睛,是一门"绝世武功",不可一蹴而就,但做到精练、准确,通俗易懂,释放更多信息,应成为基本要求。单行题一般控制在15字以内,最长别超25字。实题为妙。能借用修辞手法,准确制造设问、反问、悬念更好。如能幽默表达,戳中笑点,那是最高境界了。

总之,"新媒体时代,见鬼也得说人话"!新媒体人有这种体会,在公众号同质化越来越严重的今天,应成为传统纸媒办新媒体的基本法则。

求解"卡脖子"难题

融媒体方阵都基于互联网大厂的技术平台支撑,自己只是打造了一款应用软件,全国传统媒体概莫能外,也只好如此。这就是互联网头部企业的厉害!曾吵吵嚷嚷不要让马云跑了,不想让资本家剥削,言论之幼稚无脑,让人无语。

这里多一嘴,那些一度叫嚣要自己创建互联网技术平台的媒体,是动辄有投入几十上百亿的资本还是拥有上亿用户?无谓的喧闹,很快偃旗息鼓。

媒体融合作为国家战略快 10 年了,在互联网大厂的服务加持下,县级融媒体发展成啥样了?

最耀眼的是"播、报、网、端、屏、微"内容资源全面打通,移动端传播平台搭建完成全覆盖运行,成绩有目共睹,不细说。痛点表现为"有爆款缺用户,有平台少流量",不夸张地讲,这是致命现象。

融媒体建成主流舆论阵地、综合服务平台、社区信息枢纽是最终功能目标。而缺用户、少流量,是"卡脖子"工程,不解决此痛点,主力军挺进了主战场,战斗取胜时间会被拉长,像如今正如火如荼的俄乌战争一样。甚而融媒体不能叫新型主流媒体,只能称作内容生产者。

翻翻自己的手机便知道,微信、抖音、快手、今日头条、B站等头部平台基本上不生产内容,大都是聚合主流媒体机构和海量用户自发生产内容呈现,并精准分发,循环往复,虹吸效应显著,一个个历练成了最强大的内容发布终端。在用户眼里,大有碾压主流媒体之势。

如此局面是新型主流媒体不愿看到但又不得不面对的，在用户用分享、点赞、评论来投票的时代，聚集用户，吸引粉丝，是新媒体的生死之战，更是运营能力高低的试金石。

"浙江宣传"说"流量就是人心"，"没有流量的宣传，容易陷入自说自话、内部循环的被动境地。宣传工作者就应该树立流量思维，拥抱流量，不孤芳自赏，不爱惜羽毛。流量是重要的民心指数，把握人心走向、站稳群众立场就是真正的流量密码"。

一位编辑同事，坐班中规中矩，不显山露水，俨然一个标准的体制内媒体人，但在朋友圈却是声名显赫的社交达人。仔细观察才知他微信上建了无数个群，各色人等应有尽有，500人加满了再建，在社交场上极为活跃，关注者众，久而久之吸引力爆棚，加上维护到位有力，只要愿意，8小时外的活动根本不用考虑缺角。生活生态圈营造得让人无比震撼。

个人尚且如此，融媒体平台聚集用户，是题中应有之义。

县级融媒体推广，主要遵从属地原则，以本地用户下载安装为主，但面临当地运营商无权预装、无政策支持、获客成本不易把控等挑战，尤其是用户获取资讯的选择面非常大，垂直细分平台多，本地端微网不是非看不可的话，市场推广处境就非常尴尬。

没有受众，还叫什么新型主流媒体？推广拉新获客，攻克"卡脖子"工程，是一场没有退路、没有终点、必须打赢的攻坚战。"巴渝系"新媒体矩阵形成后，面对这样的情景，迎难而上，使出洪荒之力推广平台，增加用户量。

推广分线上线下两大板块进行。原创爆款、社交媒体转发、活动营销、线下地推，诸多营运手段虽然老套，但具有适用性。

各类线上推广手段，效果显著的有两个：一是针对特定地域和人群提供的原创个性化内容；二是持续开展网络问政、投票、抢红包、抢楼、集点赞、答题、积分等普适性活动。

编委会推出"涪陵山水画卷""再创业 新发展 四园齐进""幸福涪陵·魅力乡镇 新媒体走基层""纪念改革开放40周年,回味他们的创业故事""网络媒体进民企"等大型策划,针对各乡镇、企业、工业园区点对点报道,文图、视频甚至直播,全媒体铺天盖地,立体化展示,呈现出报道全景化、内容深度化、传播移动化特色。所涉机构和个体纷纷点赞评转。每组报道获客拉新明显。

内容即广告,互动即传播。全体员工、网评队伍带头用线上朋友圈、微信群、QQ群等社交平台,分享原创内容,提高曝光率和阅读量,以裂变吸引关注、转发,获取用户。

另一手段是强化与网民的互动功能,让人感到新媒体"有用"。开辟政府和市民的沟通通道,建立"网络问政"事项交办、督办、回访制度,网民将问政文图上传后,可随时查看问政进度,对有关职能部门的回复处理意见追评。开设每天早晚高峰《路况信息播报》和《生活》栏目,第一时间发布路况、停水、停电、停气、人才招聘等通知公告,贴身服务市民,平台关注量持续攀升。

坚持"活动为要",与有关部门、乡镇、社团联动,开展特定行业、职业、花季评选活动,锁定特定圈层。如:家庭、小区、乡村、教师、白衣天使、营业员六个"最美"评选,助力创建文明城区;罗云油菜花、马武梨花、义和李子、江北火龙果、李渡杨梅等花果节直播,助力乡村振兴;"为祖国点赞,我与国旗合个影""晒晒爱家乡的N个理由""文明家园·幸福表情""发现涪陵之美——最美公路""最美桥梁""乡风民俗""父爱无边"等活动和摄影大赛,为幸福涪陵增色。此类活动甲方主导,媒体成本投入可控,覆盖粉丝群体针对性强,获客效果显著，成了线上推广的主要方式。

六个"最美"评选，拉动"爱涪陵"客户端新增安装量15万。其中"最美教师"采取"投票+抽奖"形式，参与人数遍布全国，页面浏览量达58万，评论3500条。

线下地推，许多新媒体感到效果难达预期。但我们的实战检验刚好相反。

第一个硬核手段是在报纸一版印上"两微一端一网"二维码，任何人只要扫描，就可直达微、端、网。同时在有看点的稿件后放置二维码，一扫可看更多文图和视频，衍生阅读。

地推活动的主要战场是策划全媒体推介会，抢红包，摇大奖，在组织召开的新闻宣传工作会、网友座谈会、采风活动、年度区"两会"、小记者体验、广告客户交流会、展会等聚集性活动现场，送小礼品，专人帮助扫描下载安装。与当地人气最旺的商场、地产开发企业合作，互推、联合推广。

聚集用户，本就需要超强的网络积累和运营能力。各类十八般武艺齐上阵，当然有利有弊。地推面对面下载安装，有亲近感，信任度高，但人力、奖品成本较高，线上原创内容获客后粉丝黏性较差。

"这既是老套路与新探索的博弈，也是老办法与新经验的深度交融。"编辑胡云昌的诗歌作品《巴渝全媒体大写意》诗意地诠释了推介活动的内涵。

在2019年4月重庆客户端集群联盟工作交流会上，"爱涪陵"App作经验介绍，此时用户达36万，报社官方新浪微博粉丝25万，成为本地用户最多、增长最快、活跃度最高的新媒体平台。

分享眼花缭乱的拉新获客花招，不一定穷尽完满，相比全国四处传授经验和模式的市县融媒体先锋，"卡脖子"工程永没解套。

正如原《深圳商报》总编辑丁时照所说："天下第一难的就是媒体融合。"其实质，难就难在对市场的争夺，对用户的争取。就像20世纪90年代都市报刚兴起时，攻城略地，威风八面，存在数十年的传统党报一家独大的日子一去不复返，读者流失，发行艰难，零售有限。

如今的新型主流媒体，尤其是地县级融媒体，无一例外都是传承官媒的衣钵，"有爆款缺用户，有平台少流量"的困境，与那时的党报处境有相似之处——都是要争取尽可能多的读者。只有如此，才能真正叫新型主流媒体挺进新主战场。

而聚合用户是一项基础创新工程，为破解此局，学界和业界一线同人从自己的认知和成功经验出发，从不同角度贡献了许多获客、拉新、转化的金点子。大家互相学习交流，收获颇丰。

以我从业媒体几十年，从传统纸媒过渡到融媒体的经历观察，新型主流媒体自觉不自觉地丢弃了两个拉新获客手段。

一是将可以有效运用的行政手段忘得一干二净。融媒体是官方主办，这是其性质所决定。编采环节这根弦绷得紧，舆论导向、三审三校，唯恐出错，而在获客环节就完全当成媒体自己的事，费了九牛二虎之力，粉丝依然屈指可数。党报发行可以发文件下任务严考核，新媒体下载安装不是同理可证？这是融媒体的优势所在。用不着羞羞答答，理直气壮，开诚布公，努力争取党委政府支持，这是天经地义可伸手向上要的政策。"爱涪陵"客户端、《涪陵手机报》曾享受过此红利。如能坚持，效果定会更佳。

二是开放平台栏目，让网友成为内容生产者。曾风靡多年让网友无比喜爱的线上开放社区、论坛，在融媒体平台上难觅踪影，号称"全球华人网上精神家园"的天涯社区，曾是中文互联网最具影响力的网站，现也已全身瘫痪，打不开了。网友发文发言分散在了各平台评论区和"两微"上。

但从"爱涪陵"App曾有的"分享"板块活跃程度看，无个人专属账号，有但无时间精力打理的网友，一时兴起要将日常吃喝玩乐、游购娱、人文风物、心情心境随时随地即兴表达，他人还可进行评论、点赞，"分享"成了绝佳之地，成了网友聚集青睐的栏目。如融媒体平台能复制此类栏目，再像原巴渝传媒网组建的网评队伍，有组织有任务有考核，融媒平台日活量、粉丝量上一个台阶是毫无疑问的。

不得不补齐的短板

一位报纸老编辑以探讨的口吻问，是学会写一篇稿子容易，还是学会扛摄像机容易？他一点没开玩笑的意思。

我知道，这是一道看似简单的题目，它确是融媒体时代融媒机构和每一位媒体人都必须面对和回答之问。

这让我想起一场过往的直播活动。

2018年夏天，新华社策划了"大江奔流　来自长江经济带的报道"直播活动，《巴渝都市报》受邀负责长江涪陵段直播。编委会反复研究，决定选择方案中"文化长江"视角，展示独一无二的水下博物馆白鹤梁风采。

"白鹤梁"因早年白鹤群集梁上而得名。它是一道长1600米、平均宽15米的天然石梁，位于涪陵城北长江之中，常年没于水位线下，唯冬季江水枯落才露出水面。从唐代广德元年（公元763年）以来，古人用刻石鱼的方式标记水位，形成记载枯水位的奇特水下碑铭，距今已有1200多年历史。它被联合国教科文组织誉为"保存完好的世界唯一古代水文站"。

为对题刻原址进行水下保护，博物馆在三峡库区蓄水前采用"无压容器"原理修建，由水下题刻保护体、交通及参观廊道、地面陈列馆组成。

我参与《涪陵：长江标准眼 水下白鹤梁》直播的组织、策划，终审直播方案，现场指挥调度。报道荣获新华社2018年"现场云"优秀报道奖。

看似圆满，实则其中的艰辛不足为外人所道，举全社之力，费尽九牛二虎之力，才勉强完成。

缺摄像机，借；缺摄像师，还是借。用记者的手机拍，主持人直接用博物馆解说员，用报社唯一一台一体化简易编辑机导播、切换字幕、推流、监控。没有5G网络，现场状况不断，神情高度紧张，汗湿衣背。不亲历者，断然无法体会其中滋味。

"搞什么媒体融合啊！"抱怨之声，依稀可闻。

纸媒从业者素来靠一支笔或一台电脑纵横驰骋，面对视频直播真是手足无措，最让人无所适从的是设备技术的应用、技能的掌握。

这是一道必答的难题，许多基层纸媒都为此苦恼、挣扎。

但这又是不得不补齐的短板。视频作为移动端产品旗舰，早已不是非要坐在电视机前才能观看，一部手机足矣。

移动互联网时代，视频"异军突起"，已占据媒体市场绝对主导地位，是媒体产品形态"顶流"的存在，作为一种常态化表达方式，可以说"无视频不资讯"。新型主流媒体人民视频、央视频、新华15秒，头部商业平台抖音、西瓜、快手、小红书等，纵横捭阖，独步天下，一副笑傲江湖的模样。

◎ 三峡工程蓄水前的白鹤梁近赏　　　　　　　　　李夏 摄

◎ 白鹤梁水下博物馆外景　　　　　　　　　图源自"爱涪陵"App

▼ 第八章 融合，没有终点的远方

传统纸媒走上融合之路已近 10 年，想摆脱"有爆款缺用户，有平台少流量"的境地，学会视频制作，以视频引流，无疑是媒体内容布局和融合创新的重要抓手。视频成了融媒体获取流量、争取用户，与商业平台和自媒体华山论剑的"六脉神剑"。练就此盖世武艺，方能回答编辑之问。

早在巴渝传媒网上线时，报社就鼓励记者用手机摄制视频新闻，并添置 1 台摄像机，可惜从制作流程、选题策划、考核机制等几近全无，更遑论专业人才，更多停留在嘴上号召，处萌芽试水阶段。

常规操作是将制作好的成品转化为二维码，放在报纸版面上刊发，扫描后可在巴渝传媒网视频栏目观看，栏目大部分视频稿又从央媒和其他平台转载。内部掌握视频编摄制作技术者，只有 1 人，另有 2 人兼职边学边干，对视频质量要求也不高，数量参考文字记者月考核量，选题以编委会的策划性、主题性报道为主，甚至出现了视频记者跟在文字记者后面跑的现象，作品成了对文字报道的"声色"图解，看似让报道"活动"了起来，实则没找到视频新闻制作方向。视频新闻作为"配角"存在。

距离不是问题，相向而行才是关键。"爱涪陵"客户端上线后，定位为聚合新闻资讯客户端，首先是聚合用户和流量，编采队伍群策群力开始尝试利用新技术，生产更多类型的视频。

新购摄像机、编辑机，搭建演播室，专门招录摄像记者，平台开设视频栏目，有意识推广"巴渝视频"。视频生产成了编委会常规议题。

年轻摄影记者李辉敢闯敢试，自学 VR 技术，拍摄制作出《新年新视角！用你的手指"玩转"涪陵城》，动动手指 360 度欣赏从未见过的"掌上涪城"。摄像记者卢剑锋学习无人机操控，练成航拍"飞手"，初创作品《航拍美丽睦和村》，阅读量 10

万+。

　　用视频话时政、讲故事、说新闻,编辑记者渐渐找到感觉。先后诞生了微纪录片《嘱托——习近平和涪陵娃通信的故事》《睦和村之路——绿水青山变成金山银山的生动实践》《焦石民歌,涪陵文化新符号》《石牛村的有情人》《涪陵这家人不简单!一家三代人接力当"桥"》;短视频《致敬涪陵最美逆行者》《快来看,涪陵"快板宣讲队"走进马武》《家门口举办的汽摩越野冠军挑战赛,精彩不容错过》;创意视频《拜年了》《我与国旗合个影》《你好　佩奇》;文旅宣传片《晒大美涪陵　为涪陵点赞》;航拍片《华晨鑫源汽车工业园区》《新涪陵新视角——园林式工业园区》……

　　视频的各种类型都尝试,作品成了日常报道的"标配",各类资讯发布的"新武器",数量呈井喷式增长。报社顺势推出"巴渝手机台",再添摄像机、编辑软件。客户端专门开设《奇趣视角——原创VR和微视频集锦》栏目,作品参加各类微视频大赛获奖,编辑通讯员作品《在中国榨菜之乡有个网红龙奶奶》《在涪陵,榨菜意味着什么》《涪陵遭遇暴雨》发在抖音号上成爆款。微信公众号"涪陵眼"每天点击量由一二百增至五六千,"爱涪陵"App出现了不到10小时阅读量就达10万+作品。视频"主角"地位得以确立。

　　视频生产的高潮是线上线下结合,推出《初心故事会》系列作品。内容以本地10个代表性先进人物为主人公,他们有义务修路几十年的道德模范、扎根本土献了青春献终身的南下干部、大爱无疆的退休公务员、红军烈士陵园义务讲解员、义务普法多年的政法干警等。线下在小型舞台本人讲述亲身经历,背景配事先制作的短视频作介绍,讲完故事再制作成视频节目在各平台推送。引起了较大的社会反响,拉新获客前所未有。

从配角到主角的历练，让各平台视频制作和直播技术日臻成熟，仅2018年就推出"幸福之花在涪陵这个村绽放""传承五四精神，诵读中华经典""戏曲进乡村""春节团拜会文艺演出""纪念改革开放40周年，回味他们的创业故事"等现场直播50余场，丰富了端微屏内容和产品形态，锻炼了采编视频队伍，增强了全媒体传播力、影响力，挖掘了集团用户。

"媒体融合是一场不容回避的自我革命。"全媒体的发展已催生出全程媒体、全息媒体、全员媒体、全效媒体。视频，尤其是短视频无疑是融媒体舆论生态链上的主打产品、流量的代名词。

中国互联网络信息中心（CNNIC）发布的第50次《中国互联网络发展状况统计报告》显示，截至2022年6月，我国短视频用户规模增长最为明显，达9.62亿，较2021年12月增长2805万，占网民整体的91.5%。

其中，最让基层融媒体兴奋的是，新增用户主要来自低线城市，其中五线城市用户增长最为明显。超过半数的人每天都会刷短视频。

由此可见，无论从纸媒转型还是融媒体发展的新格局，黏住用户，紧跟移动互联网发展步伐，聚焦生产高质量短视频，让"会写能拍善剪"的全媒体记者不断涌现，大有可为，且是必由之路，值得全力以赴。

从融媒体走过近10年的战略实践看，纸媒编采队伍制作的短视频和电视台等专业生产视频机构的作品，两相比较，各有千秋。

专业机构视频制作底蕴深厚，技能人才荟萃，实战经验丰富，作品类型众多，具体表现在作品的镜头运用、同期声录制、配音、剪辑、包装上，纸媒作品不可同日而语，属"先富起来的人群"。

纸媒队伍文案功底扎实，选题策划能力强，有善学敢打劲头，作品用镜头语言叙事能力较差，处"图解"人物、"话说"故事的低水平阶段，属"需要尽快脱贫对象"。

概括蜻蜓点水，不一定准确，但找准各自优劣，前进才有着力点，才不会偏离航向。取两者之长，优势融合，是商业平台和自媒体无法较劲和比拟的。有了夺人眼球的高质量作品，用户增加就有了坚实基础。

做到了善学者尽其理，善行者就要究其难。

建立以生产高质量短视频为核心的评价机制，是融媒体发展战略的当务之急。

一家媒体机构，大事小事方方面面，都考验着决策层的决策力，容易陷入"胡子眉毛一把抓"的平均使力境地，但事情总有主要矛盾，攻其一点不及其余，好比集中力量办大事，抓一件成一件，在领导实行任期制的大环境下，决策层的贡献一定会被铭记。这看似不走寻常路，但不少成功者说"一个人一辈子干成一件事"已是非常不容易了。

想起本地创建全国文明城区那几年，要纸媒收集整理各类文图视频报道资料，填交无数表格和报告说明，常常一个电话限时完成，怎么办？领命者一定是以此为大，压缩一切其他事务，分工负责，尽全力完成。这就是典型的抓主要矛盾。

聚焦评价考核机制，报社创办新媒体时做过尝试。最初用评价报纸稿件的办法进行，很快发现此路不通，新媒体稿子数量、品类众多，编采制作流程复杂，评一次稿仍按以前由编委会主要成员组成的考核小组，定期集中打分，费时费力不说，结果还难以服众。

记者说花了多少时间，找了多少人，查了多少资料，甚至开车跑了多少升油，编辑说加了多少班，沟通无数次，做了多少个样式。上下左右里外不满意。正如《人民日报》（海外版）原总编辑詹国枢说："过去那种评报方法，差不多就是排排坐，吃果果，搞平衡。对奖优罚劣，起不了什么作用。""耗时耗力搞些没用的东西，不是内卷是什么？"

对新媒体作品的评价当然不能这样！

其实，新媒体作品优劣有一个非常客观的标准，那就是阅读、点赞、评论、转发数据。转变思路，让每篇稿子的流量说话，显然客观公正得多。

有一个流传甚广的降落伞故事，说明了考核用倒逼方式效果立竿见影的道理。二战中期，美国产的降落伞安全性不够，虽在厂商努力下，合格率已达 99.9%，军方要求必须达到 100%。可厂商不以为然，强调任何产品都不可能达到 100% 合格。99.9% 的合格率，意味着每一千个跳伞的人中有一个人会丧命。军方为此改变质量检查方法，从厂商前一周交货的降落伞中随机挑一个，让厂商负责人背着，从飞机上跳下。奇迹出现了，不合格率立刻变成了 0！

要产出高质量短视频，出爆款，以流量数据为考核标准，就是建立倒逼机制，产品无流量，虽不会有人殒命，但你的绩效就会大打折扣。久而久之，如实现末位淘汰制，走人的就可能是你。

上升到理论层面，这是一个管理方法论问题。洞悉人性，倒逼思维，效果显而易见。报社实行此机制后，作品一经推送，创作者自觉在社交圈疯狂点赞评转，呈出乎意料的裂变态势。不仅如此，跃跃欲试新媒体作品者增多，私下想进入新媒体部门者蠢蠢欲动，正向效果显著。

天时、地利、人和，新媒体起步牵住了"牛鼻子"，握准了指挥棒，视频创作，以及所有新媒体作品量增加了，质更是有了飞跃。不得不承认，机制的树立就是这么神奇。

当然，视频等媒体作品生产是一项创意性劳作，不能完全拿工业产品类比。一项评价考核机制出台还涉及其他许多问题。所以我们配套出台了总编辑奖、末位淘汰制。

尽管如此，机制不是万能的，仍然有个别编采人员，尤其是年龄稍偏大者不愿学不愿接触新媒体产品。分析其理由，根本上是一个认识不到位的表现。

刘雪松，浙江日报报业集团时事评论员，知天命之年对视频平台所知甚少，两年时间历练成抖音粉丝 600 万的网络大 V。放下对尝试短视频的畏难与顾虑，刘老师分享体会："坚持下去，一定会有收获。"

末位淘汰制，是一个逼人敬业、培养肯学爱钻的好机制，可惜的是，我们在执行中"只见楼梯响，不见人下来"，负面作用不可估量。

要质量要流量，可能有疑问："主流媒体不是商业平台更不是自媒体，导向谁把控？"选题策划阶段、审核过程，早已过五关斩六将，如最终还出差错，那不是作者之罪，首先拿管理岗问责。

从管理者角度看，"不疯魔不成活"，抓准"人"这个根本因素，建立起调动其主观能动性的考核评价机制，能量爆发是不可想象的，何愁爆款少引流差，同时还可减少不断的成本投入。

从创作者角度看，只要勇于尝试，克服畏难情绪，学会"能摄会剪"，比当初学写稿子容易，没有哪条考核要逼你成为网络大 V，练成了"全媒体记者"，饭碗就牢牢掌握在了自己手中。

10年，有喜有忧

媒体融合，天生敏感的新闻人明白，实质上是对移动互联网阵地的争抢，对传统媒体而言，是换道奔跑、转型升级的不二选择。走下去，有可能活，原地不动甚至停滞不前，必死无疑。

互联网的迭代变化和创新节奏迅雷不及掩耳，各种新技术、新应用、新业态层出不穷，5G、VR、AR、区块链、大数据、云计算、人工智能、元宇宙、虚拟现实等新技术大规模应用。

2022年，ChatGPT问世更是掀起滔天巨浪。它解疑释惑，撰写论文，批改作业，写诗词歌赋，修改代码……一副无所不能的模样。有人说，它是一次新的"工业革命"；有人说，它将引发21世纪的"新卢德运动"。

新技术的横冲直撞，对媒体内容生产、传播、运营全流程产生了深刻影响，媒体融合不再是简单地搭建一个新媒体平台，而是内容产品形态更加丰富，传播更加及时精准，新媒体产品使用场景不断更新。

传统媒体面对此景，无一例外，"又闻其声，又见其人"，从"要我做"变成了"我要做"，纷纷躬身入局，八仙过海，各显其能，向深度融合挺进。

第一方阵是《人民日报》、新华社、央视等大报大台，以及融合较早、影响力日甚的新媒体平台。

他们在客户端、中央厨房、数据中心、云平台等媒体融合的核心架构上不断发力，从业务和技术上合力推进深度融合。产品创新主要集中亮相于"两会"和重大新闻事件，近两年融合应用5G、VR（虚拟现实）、AR（增强现实）、MR（混合现实）、XR

(扩展现实)、大数据技术、人工智能进行传播，产品形态更新，互动传播强化，体验更加沉浸，让受众感受到了与以往风格迥异的报道内容和方式。

北京青年报客户端将名称"北京头条"，更名为"北京青年报"，功能和界面同时升级迭代。浙江日报报业集团旗下三个客户端"浙江新闻""天目新闻""小时新闻"合一而成"潮"新闻客户端，誓言打造浙江传媒航空母舰。

有实力的各级传统媒体都没闲着，"减法""加法"一起做。停刊、休刊、减期、缩版、减频道频率几乎成了不自觉的集体规定动作，在每年元旦前后都可看见。操作熟练，得心应手，受众有目共睹。

较早的有《东方早报》，2016年末即休刊，所有团队及资源全部"加入""澎湃新闻"，推动"全员转型"。创刊于2003年的《新京报》，试水媒体融合稍迟，2018年10月31日App才正式上线，2019年只留11人办报，其余500多名采编人员"加"到以客户端为主的新媒体传播矩阵。重庆日报报业集团下属《重庆晨报》《重庆晚报》《重庆商报》2022年进行新一轮改版，三报合并发行。远非第一方阵的《巴渝都市报》周七刊出版了十多年也减为周五刊，增加新媒体生产线员工。

第一方阵一骑绝尘，毅然决然拥抱新技术，升级改版移动平台，热火朝天，氛围浓厚，媒体融合进入深水区，看上去确实很美。

处基层方阵的区县级媒体，从2018年以来，按照各省级层面不同的深化媒体融合发展实施方案，合并媒体机构，整合报网声屏资源，线上线下全面协同，实现了坐在一起干在一起的物理融合，完成了"相加"阶段性任务。

遇雨尽是同路人。如以"相融"的多维度标准观察，更不论社会效益和经济效益两个最核心衡量指标，呈现的却是另一番景象。

以渝东北三峡库区城镇群和渝东南武陵山区城镇群17个区县融媒体中心为例，普遍具备了运行的硬件设施和物理平台，除二三个区县"两微一端"用户数据拿得出手外，其余相比各自境内的总人口都没有开诚布公的底气，个别平台几十几百的阅读量，形同"僵尸平台"，对外声称或填报数据权当闲聊。成立融媒体中心三年来，微信单条稿子阅读量上1000已是少见，5万+、10万+作品屈指可数。有个区微信的10万+竟然是疫情期间当地政府的防疫通告。新媒体用户还不及原有"一报两台"的受众数量。

何以至此？从机制建立到舆论环境，从员工结构到收入分配，原因当然是多方面的。核心是对媒体融合的战略定位一知半解，认知不到位，从而导致操作方向出现偏差。

县级融媒体中心建设是国家战略。"郡县治，天下安"，最终要"建成主流舆论阵地、综合服务平台和社区服务枢纽"。此定位标明，建设好县级融媒体中心是服务基层治理的战略措施，而不单是宣传舆论工具。

从融媒体战略定位可见，首先要把握准运行方向。

但实际状况却大相径庭。

从报道内容看，一是各平台定位高度同质化，内容多重复。总体呈现传统媒体"庙堂式文化"基因，硬新闻多，软新闻少，重引导，轻服务。一条所谓重要的时政稿子各平台都推，不仅浪费资源，还让受众流失严重。稿子或作品沿袭传统媒体"气质""底色"，语态更是与新媒体格格不入，给人印象是传统媒体内容的翻版。二是集中优势兵力围着四大班子领导和中心工作报道转。此类题材占据报道七八成，且有越来越增强趋势，会让人误认为这才是"主流舆论阵地"的模样。年度策划、深度报道、民生新闻、爆款产品，要么难觅踪影，要么少之又少。

对此现象还自我安慰，美其名曰领导是 VIP 用户，报道内容要抓住主流人群，明知道会议、活动、调研此类题材大部分是纯工作性质报道，无点击量，但不得不推，且占据首页、头条位置。

想起一位退休领导说，你们报道的许多人和事是"亮相""找存在感""日常工作哪用得着记者跟随"。但媒体无能为力。一句"政治任务"让人没脾气。殊不知，VIP 用户的报道如没有基本的用户群，说给谁听？

从融媒体全局审视，建设"综合服务平台和社区服务枢纽"是两大硬任务。2018年8月21日，习近平总书记在全国宣传思想工作会议上指出"要扎实抓好县级融媒体中心建设，更好引导群众、服务群众"。

"服务"二字是重点！县一级是最接近基层、最接近群众、最有烟火气的地方，更有最需要服务的人群。

融媒体是怎样服务的呢？多泛泛停留在宣传层面，推几条服务内容的新闻或发几条停电停水的资讯，"综合服务平台""社区服务枢纽"功能完全无影子，也无人钻研如何实现。

总之，内容还只局限于提供新闻产品。此尴尬现状如何改变？

各平台定位首先要差异化，切忌眉毛胡子一把抓。如客户端主打各类时政新闻资讯，微信公众号主打服务型民生资讯，手机报主打吃住行游购娱。用稿更是要体现各自平台的与众不同，重要的稿子该由哪个平台推就由其负责，绝不重复。假以时日，用户自然会"各找各妈"，培养平台自己的圈层。

采写类似工作性质的硬新闻时下功夫找新闻点，找与群众的连接点，找大家关注的点，多用网言网语，甚至不妨多一些"江湖气"。总之，不能"誓言创作10万+，全网数据很尴尬"。

重庆市涪陵区融媒体中心成立不久，探索式策划推出短视频节目《涪陵嘿猫煞　方言说时事》，"嘿猫煞"，川渝方言，很厉害的意思。两位男女主播用本地方言以脱口秀形式，讲述涪陵经济社会发展成就，一事一说，作品长度控制在3分钟左右，一推出即成爆款。

第一期内容一听题材就没特色，说当地GDP和工业经济"嘿猫煞"，在重庆全市名列前茅。但用方言俚语说给人听，让人耳目一新，24小时不到点击量突破10万+，朋友圈都点赞"涪陵嘿猫煞"。

启示是时政宣传题材要找准新闻点，接地气，创新表达方式，以鲜明特色打造"本土化""差异化"。作品或栏目，形成自己的调性，摆脱生硬束缚，就不愁流量。这也证明，"越是民族的，越是世界的"，是差异化战略定位的成功。

最最重要的是将"服务"二字在线上线下落实到位。县级融媒体是联系群众的"最后一公里"，是最接近基层的宣传舆论阵地，国之大者，民生所系，明晰方向，找到服务着力点，主流媒体就牵住了"牛鼻子"。

客观地说，"综合服务平台""社区服务枢纽"需要强大的社会资源整合能力，在融媒体影响力远未达到一个高度时，一时半会只能是纸上谈兵。但不能因"不能为就不可为"，在"服务"上下功夫，不仅大有文章可做，定会收获意想不到之果。

《巴渝都市报》曾经面向社会主办的房展会、读者节、街舞大赛等会展活动，就是传统主流媒体线下服务市民的好例证。

融媒体是媒体新生代，需经历一次次考验和试错才能成长，哪怕雨雪霏霏也要追寻阳光！

拓展思路，走新闻+服务之路，深入公共服务领域，与群众日常生活同频共振，可说是起步阶段的"先手棋"、最优解。因百姓生活无小事，关注他们"急难愁盼"的问题，投身他们的家长里短，高大上新闻由央媒和省媒负责，给人一个选择自己的理由。用户也好，流量也罢，概不会一地鸡毛。

"爱涪陵"客户端曾经的《问政》栏目，《巴渝都市报》的《记者帮办》，践行服务受众思路。群众的诉求意见直接发在平台上，编辑收集、整理，反馈给有关职能部门，媒体定期将代表性民意以"舆情通报"方式递交党委政府，形成"一站式"服务。记者甚至陪同群众跑路跑腿，下载关注你的平台成了自然而然的举动。

《巴渝都市报》曾获重庆市新闻奖的栏目《记者在行动》，主要刊发报纸少有的服务性深度报道，不同的是题材和报道对象是记者定期上街"摆摊"，亮出栏目招牌，与市民面对面获取线索并采写稿子，让主旋律、正能量在润物细无声中入脑入心，将"服务"做到群众心坎上。

所以，媒体人不要闭门造车，顾影自怜，践行以人民为中心的发展理念，了解民意、反映民意，表达上说家常话，内容上讲关切事，走好网上群众路线才是王道。

不要自认为哪些内容重要，哪些才是主流，忽视你的用户需不需要，是否感兴趣。更不能只管"生产"，不问"销售"。基层融媒体好比中小企业，"专精特新"产品是独门绝技，优质服务是核心竞争力，普罗大众是真正的消费者，是流量所在。聚焦他们身边的人和事，说人话，办实事，就不愁流量。如能做到深圳卫健委公众号"把电话发来"，线下解决群众实际疾苦，那是办媒体的最高境界。

"浙江宣传"公众号在《一周岁了，我们想对你说》文中说，面临移动互联网带来的话语之变、格局之变、攻守之变，最忌讳的是自戴枷锁、自划禁区。很多时候，我们的对手从来不是别人，而是"难破心中贼"的自己。只有打破枷锁找出路，走出自我设限的盲区，胆子大一点、步子稳一点，才能看见更为广阔的天地，才能在移动互联网主战场上打一场翻身仗。

与广大融媒体人共勉！

人才 人才

人才是第一资源。县级主流媒体讲"融合"，能不能实现"1+1>2"？除在机构、内容、渠道、平台、经营、管理等方面物理性融合外，人员是否有效深度融合是关键。

区县融媒体99%的员工都由原报纸广播电视、宣传部报道组或主办的新媒体平台转型而来，存在不同程度的年龄老化、结构畸形、身份多样、复合型人才难留住等问题。

以重庆一个区为例，成立融媒体中心时员工220人左右，50岁左右的占1/3，中心运行两年多，到2023年底将有30人退休，身份有事业编、合同工、临聘工、实习生。一线编采播制作占比40%，余下的全是行政后勤。

人的融合是媒体融合发展的核心和基础，但它困扰着融媒体成长。基于四级办媒体的国情格局，处最基层的县级融媒体在人才引进上，无法实现人才的诸多期许，无疑加重了输入"新鲜血液"的难度。那么，立足现有员工队伍现状，如何增强造血功能？

全力推动"全员转融"，解决"两张皮"现象，将更多人财物投向"移动优先,视频优先"主阵地。

从现状看,基层融媒体机构框架已搭建,外部形象已鲜明,人员转型则步伐缓慢,内部只有新媒体部门聚焦端微屏网业务,报纸、广播、电视部门仍聚焦"老三样",生产流程和产品还是传统媒体模样,融媒体元素很少甚至没有。

"两张皮"现象毫无积极意义。症结是传统媒体惯性思维,不以为然造成的——班子分工各管一摊,少围绕"融"字互动,官员心态,机关化思维明显,融媒产品只要有人做,出了几个爆款就行。具体干事者又因身份、待遇、年龄差异,存在轮不到我来学我来干、多一事不如少一事的心思。

而媒体融合对从业者本就是新挑战,既要有政治家办媒体的素质,又要深谙竞争之道,更要学习掌握新技术新技能。它是一场决战决胜战役,是全方位重塑,需要媒体人展现勇气、智慧与执着。

态度决定一切,要纠正此类惯性思维和应付不作为心态,必须打破传统媒体组织架构,按照新型主流媒体产品生产要求重塑,解决拖累媒体融合进程的症结。

可以借鉴现代企业管理模式,内容生产机构打破传统媒体"频道制""版面制"等画地为牢的设置,按照融媒产品生产所需岗位设立专业"事业部"。撤销"新媒体部",设立融媒体"运营中心",负责端微屏网的推广营运。

采用倒逼方法,硬性规定,各平台必须互联互通,扫描二维码看得见对方内容。报纸一版印上各平台二维码,精彩稿件摘要呈现并链接,电视大屏用二维码链接其他平台看点产品,制作新闻产品在手机屏上呈现,广播探索生产可视化节目。

《涪陵嘿猫煞 方言说时事》,采用"项目制"机制,以参与者兴趣为导向,打破现有部门设置,根据业务专长、资源等组合成内容生产团队,产品制作完毕团队解散。

"全员转融"是基础,是根本,一切围绕人的融合采取的措施和办法都可试可行,目的是找到最适合自己的组织架构,让"人"发挥最优作用。如此,才能实现"全网布局",产品才是真正的融媒体产品。用户不管你什么旧媒体新媒体,能吸睛,有爆款,有人赞评转议,就有流量,就是"好新闻"。

可喜的是,大多数一线记者成了有融媒体意识且勇于实践的先行者。他们正朝着"提笔能写、对麦能讲、举机能拍"的全媒体人才奋进。

媒体融合为何这么难?除人的主动或被动转型融合外,缺少能写能摄会播的复合型全媒体人才是致命因素。

融媒体产品生产,往往难以单兵作战,需要团队协同配合,有写文案的、有负责拍摄的、有后期编辑的、有视觉包装的等等,不像报纸的文字或摄影记者一个人可完成作品,纵使一个人属拳打脚踢全能型人才,受时间精力各类因素限制,很难长久而为。所以立足自身实际,培养更多复合型人才成了当务之急。

如何培养?成功的范例很多。重庆市涪陵区融媒体中心的实践独树一帜。

涪陵区近110万人口,地处长江三峡库区,铁公水交通便捷,工业经济强劲,16个字的对外宣传口号中有一句是"产业强区"。

传统媒体报纸、广播、电视齐备,机构成立最短时间都在30年以上,并均具有国家颁发的正规"身份证"。

成立融媒体中心运行两年多来,经过做"加减"法,传统媒体"一报两台"保留,不算入驻互联网大厂IP,自有平台含涪陵网、"爱涪陵"客户端、"涪陵发布"微信公众号、"涪陵发布"微博、涪陵手机报,员工近200人,是一家根正苗红的官方区级融媒体机构。

到 2023 年 5 月底，客户端下载量 65.2 万，微博粉丝 12.3 万，微信公众号粉丝 39.2 万，手机报用户 25 万。

能拥有还算拿得出手的数据，与机构成立伊始重视人的融合和培养密不可分。常规的外招内训、校媒合作、派人到省媒实训不说，从实战出发，立足岗位实际培养，组建"老中青"混搭模式营运才是其特色。

"老中青"不是指年龄，而是从业经验。编委会多数负责业务的领导媒体从业经验丰富，作品曾获国家、市级大奖，主要负责把控导向、线索；生产线负责人由原报纸广电业务骨干转型而来，专业素养高，寻找新闻点敏感，操控能力强；生产团队成员主要是"90 后""00 后"，他们具有天然的互联网基因，学习能力强，技能技巧由生到熟，勇于创新表现形式，对用户喜好把握精准。

混搭模式事实上把课堂设在了生产一线，"老中青"无缝衔接，现场互动，哪怕争得面红耳赤，目的是为了出好产品，更为人才快速成长提供了环境和机会。混搭生产的微纪录片《磨盘沟的桫椤林》在中国国际科教影视展评暨制作人年会上获"中国龙奖"。"涪陵发布"微博在全国政务新媒体领域影响力最大的年度品牌评选中被评为"2022 年度·快速响应优秀微博"，是重庆市区县政务微博中唯一获此殊荣者。

媒体融合进程快慢，有句话说得好，"思想解放的程度，决定了媒体融合发展的力度；思想认识的高度，决定了媒体融合发展的深度"。融媒体建设本就是摸着石头过河，无现成模式可寻，脑洞大开，出奇制胜，前方可能就是一片坦途。

全员竞聘上岗，实行"零工资制"，是《巴渝都市报》辉煌时期为发展新媒体实行的用人机制。无论身份，档案工资一律封存,全员绩效考核、同工同酬,辅之末位淘汰。运行此机制,传统媒体转型而来的员工是最不适应群体,集中在"我事业编,财政拨款,干吗不给我工资?"之说,这也反映了传统媒体改革机制之难。

但融媒体是新物种,人员身份多样,年轻人居多,管理难度大,创新机制建立更有必要。

比如,在一线编采制作序列中试行"零工资制"未尝不可。从原报社的实践看,正向效果显著,创新活力、人才潜能被激发,愿意从事新媒体生产的人员增多,机制真正起到了关键支撑作用,有意见的个别老员工从"上班摸鱼"成长为新媒体领军人,年轻人更是成长极快。创造了 App 连续 22 个月获"重庆十佳客户端"称号的奇迹,并获评"全国地市网络媒体手机客户端最具影响力十强品牌";开设的《城会玩——涪陵本土文艺范乐园》栏目获中国报业深度融合发展十佳音频奖,《幸福涪陵·魅力乡镇 新媒体走基层》H5 系列产品获中国报业深度融合发展十佳 H5 奖。

附 录

我的父亲母亲

写父亲母亲,是一直以来的心愿。

家中挂着父母笑意盈盈的合影,仿佛随时在问,什么时候能看到你的文字?

在媒体供职几十年,看过不少认识与不认识的人怀念父母的文章,文笔各有千秋,但都情真意切,深情款款。

任正非创作的《我的父亲母亲》爆红全网,也许是最出名的一篇,但我以为那更多的是满足了人们对成功个例家事的知晓欲。

父母为平民百姓,一生像流星划过夜空,寂静无声,看见和在意的也就只有家人。真实客观地还原他们的形象和生活,既是对时代影像如何投射在一个普通家庭的追忆,更是国事家事天下事不可或缺的个例。

不是有一句歌词"家是最小国,国是千万家"吗?

"搬过长江去"

20世纪90年代三峡大坝兴建，地处库区的丰都县城被淹没是它无论如何也没想到的命运，我的家——当然更是父母家，自然难逃厄运。

清楚记得，2003年国庆长假，全城大搬迁。

新县城建在长江对岸。"搬过长江去"大幅红艳艳的标语，映衬着肩挑背扛的丰都人，浩浩荡荡，络绎不绝，整个长假的长江两岸车水马龙，人声鼎沸，渡轮往返穿梭，汽笛声声。

别了，丁字街、管驿门、王庙拐、黄豆市、全城人集会的后坝……熟悉的场景，耳熟能详的地段！

小县城最繁华的CBD"商业场"，下河梯坎顶端，耸立的县城地标雕塑"鬼脑壳"，无言地俯视着，不知是否有摄影师留下这三峡库区全淹县城大搬迁的背影。

父母经历了这一切。

当时他们都退休了，住在县教育局位于城一校旁的宿舍。长江对岸的新家100余平方米，移民搬迁国家给予补贴，毛坯房只花了几万块钱。

眼见家家户户动工装修，父亲心里着急，不知从哪找来一个年龄比他还大的师傅，在灰蒙蒙的水泥毛坯墙上钉了一圈电线，风尘仆仆赶到的我不解地问，这是要干吗？"安装后搬进来住。"这回答让我终生难忘。

我欲哭无泪，心如刀割！

不怪父亲，一个教了一辈子音体美的乡村小学教师，从未装修过房子，我记事起在农村小学住的是低矮的土墙平房，后住的是就地取材龙骨石砌成的"干打垒"，进城后单位分了一套房，也是我兄弟俩摸索着简装完成的。如今面对毛坯新房,他真的不知从何下手装修。

几个月,每个周末从70公里外的工作地赶回,成了我和弟弟的必修课。

一手一脚,事必躬亲,将移民新房打理完成,终于让父母实现了搬过长江来。

新县城位于江南岸,与老县城遥相呼应。我参加三峡库区采访时得知,新县城是1992年3月20日举行的奠基仪式。

新县城比老县城大很多,以山地为主,上起斜南溪,下至龙河口以东蒋家坪,海拔高度均在185~340米之间。

时任国务院副总理邹家华视察后批示,丰都县城无论三峡工程上与不上,都应搬迁。

确实如此,老县城0.92平方公里,挤住4.5万人,密度比肩港澳,海拔只有160米。

新县城沿长江南岸呈东西走向,几条大街横亘全城,街道宽阔,人车分流,盆景式绿化让人赏心悦目,栋栋楼房透着明晃晃的白色瓷砖。见多识广的鬼城人,把"县衙门"呈弧形的气派办公大楼叫"弯弯大楼",形象生动,朗朗上口。

江岸渠化后有了滨江大堤,早晚时分健身休闲的人络绎不绝。卖建材和装修材料的门面增多,本地特色美食麻辣鸡、抄手店陡增。城镇化让更多的农民进了城,乡村集市的喧嚣场景与县城固有的市井习俗交相辉映,城乡大融合的味道更加浓郁。

不见踪影的是白人黑人和南腔北调的中外游客,因县城南迁后游船只停泊在北岸名山脚下,游完鬼城名山上船走人。小时候站在走廊上跟高鼻子老外"哈啰哈啰"的情景只成回忆。

如何让天南地北的游客住下来留下来,是答卷人要思考的一道必答难题,因为开放的大门依然开着,还只会越开越大!

时过境迁，老县城早已沉入江底不见踪影，只有175米之上，名山仍然挺拔着它并不雄伟的英姿，著名书法家李铎题写的"天下名山"还立在大门口，大小庙宇油彩不知刷过多少遍，苍松翠柏还在，古树依然参天。但愿当年标语上"建设新家园"的丰都人都过上了幸福的新生活！

有人说"北上广是中国的幻象，县城才是中国的底色"。我深信！

原南方周末名记者南香红在《丰都殇》中的文字，或许能表达他们无言的心境："站在这块倒计时牌下，我们感到三峡之水正在千军万马地涌来，不可改变，也不可阻挡。无数的家庭即将搬离他们祖祖辈辈的老屋，千千万万的人就要离开那和他们生命丝丝相连的街巷。在这最后的日子里谁能了解他们真实的感受？谁能看到他们向老屋告别时脸上的泪水？"

退休生活

母亲是20世纪80年代中期退休的，在乡村小学教了一辈子书，退休后随已调进城的父亲住在教育局宿舍。

母亲的朋友圈全是退休老师，彼此熟悉，忙完三顿饭，家长里短，城事家事，不一而足。母亲最大的爱好就是与大伙一起搓1元小麻将，这爱好未能遗传给我，我一辈子对此娱乐兴味索然。

母亲刚退休还未老态龙钟，家离县城唯一的公园近，早上学着人家背一把剑前往锻炼。未曾想这一退休生活的常规动作，让母亲遭受大祸。

在公园大门口，母亲被一大货车撞倒，颅内出血，在县城中医院昏迷了几天，转院重医附一院手术后才转危为安。那是全家人忙得鸡飞狗跳的几个月，肇事者是当时如日中天的县丝厂的货车，强弱两方一目了然。欣慰的是母亲渐渐康复，未留下任何后遗症。

父亲则在县教育局上班，主要负责写"局志"。转眼几年后他也退休了，写写画画、逛街、爬山、散步，自得其乐，最让人感慨的是，他还与小学同学有过几次聚会并合影留念。

人生老去，是我们每个人唯一归途。但父母养我长大，谁陪他们变老？这样的终极命题，早年我就有自己的答案。

参加工作后，逢年过节，我必须回家，年年春节从未缺席。每当此时，是家里最热闹的日子。

二弟在老家工作，与父母在一起的时光更多。一声声呼叫弟媳"晓萍晓萍"的声音，一度让我思绪万千，心绪难平。哪怕是一家人，跟谁在一起生活时间长短，亲近程度大不同。

有次回家过年，母亲漫不经心地讲到某某老师的孩子给其买了一枚黄金戒指，搓麻将时很是志得意满，高兴劲近乎于炫耀。由于我从未认为佩戴金银首饰有什么美感的审美观，三言两语就否定了。完全没明白母亲的心思，一辈子为孩子为家操劳的她，只不过可能就是想购买一件首饰，还不一定让我们出钱！

母亲生在新中国成立前，地主家庭出身，潜意识里一定认为金银首饰年轻时未能也不敢享受，退休了生活幸福指数提高，子女长大成人，没有了数不尽的烦心事，可以穿金戴银了，未曾想被儿子的一盆冷水浇得透心凉，从此再未说起此事。

如今每每想起，双眼都噙满泪水，悔恨终身！

日月轮回，春夏秋冬，父母的背影渐行渐远。70多岁的老人了，思维说话不再清晰利索，买菜烧饭要花很久时间，屋子无人打扫。最奇葩的是全城移民房少有安装电梯的，上下8楼要歇脚多次。

尤其是父亲，已显现出老人健忘症的初期症状，丢三落四，转背忘事，生活自理能力下降。

印象最深的是一次冬天我到家，在小区门口见他背着双手微驼着背，百无聊赖地东张西望，他竟然穿着一件夏天的白衬衫，我心疼地问："不冷吗？怎么穿这么少？"父亲的回答让人不知所云，母亲的解释也让人难以信服。

多次提出给他们请一保姆，烧饭做家务，母亲回答："那哪成？左邻右舍会看笑话不说，那是资产阶级的生活方式。我们自己行。"

他们的现在让我仿佛看到了自己的未来。

不能让父母成为空巢老人！让他们真正老有所依，我把他们接到了身边。但来到身边后的父母老有所乐了吗？

无奈离开故土

至今都疑惑，将退休多年生活在老家县城的父母搬迁到兄弟俩工作生活的地方，是正确的决策还是一个欠缺思量的举措？

2008年奥运年，举世瞩目，国人兴奋。我一家人却心绪不宁，心事重重，讨论许久的大事最终确定——国庆节放长假，一家忙着把父母从丰都接来涪陵。

事先兄弟俩奔波多时想购置一套新房供父母居住，因房价实在无法承受，未能如愿。最终将他们安置在了我媳妇刚刚首付的一套30余平方米的新房内，离弟兄两家不过几百米，互相能有照应。母亲嘴上不说，但我知道她对住儿媳的房子颇有想法。

新家是高层楼房，从如何按门禁和电梯按钮学起，父母很快就能进出自如。菜市场和休闲广场下楼即是，日常生活还算方便。但左邻右舍一个不认识，且大都是年轻人，除偶尔碰面，基本上老死不相往来。麻将不知跟谁打，坝坝舞不会跳，一天忙三顿饭，成了生活的全部内容。最有生气和笑声的时刻，是兄弟两家人下班后到访，一起看看电视，摆摆龙门阵。

母亲回忆，丰都属原涪陵地区管辖，20世纪50年代她曾来地区学习进修普通话教学……"涪陵城现在变得完全没有了印象中的模样。"

在我看来，同属县城，除了行政区划多次变更，两城没什么不同。在中国，户籍的限制，行政区划的不同，一个普通人在改革开放前要流动，除了身揣单位证明出差，几乎没任何机会从自己生活的地到另一地，因而才有了那句"诗和远方是我们的向往"。

一次参观了我觅食的地方后，母亲感慨："政治味好浓。"至今也没明白，一家里外普通，没有楼堂馆所的气派，没有任何装饰和标语的媒体单位，母亲怎么这样评价。

涪陵距丰都高速通后只有50余公里，都地处长江边，耗时不到1小时。二弟刚买了一辆小车，母亲素来晕车，不能坐车，他们没有提出过回老家看看，也从未听他们怀念在丰都的生活，真是没有一点念想？还是深深明白与孩子在一起才是人生最终的归宿？

那个极寒的冬天

在涪陵生活了两年，母亲生病了，事前毫无征兆，确诊肺癌晚期！

天塌了。

2010年10月10日,一个永远无法忘怀的日子。可怜而瘦弱的妈妈,一辈子都不愿也几乎不打针吃药,无奈之下住进了医院。

治疗方案首先排除了手术,79岁,体质虚弱,"已没有手术可能"。医生建议保守治疗,吃药,止痛,病人成活期一年左右。

姐姐从业护士一辈子,见过太多癌症患者身上插满管子,毫无尊严而又无法言说的痛苦,三姐弟经过商议,采纳了医生的建议。

生活规律和节奏瞬间乱套,退休的姐姐从老家赶来,几姊妹轮流陪护,磋商。

疼痛、呻吟、输液、打针、吸氧、监控血压、心跳……成了妈妈的日常。

一家人忙得昏天黑地。

爸爸健忘现象加剧,行动迟缓,有时会不认识回家的路,生活基本足不出户,饭来张口,衣来伸手,身边离不开人。

无奈将爸爸送到了条件最好的老年公寓,签约了最高服务标准,一对一专人陪护。他只认识在场的人,感知在场的事,完全沉浸在自己的世界,没听他问起过住院的妈妈,这不怪他。

接他来医院探视妈妈,两双握着的手久久不曾松开。临走时爸爸说:"我们一起回家拿东西吧。"其实不需要拿什么,妈妈强颜欢笑:"老陈,我咋走啊?你去吧。"妈妈清楚爸爸的状况,心定在流血。

几十年相濡以沫,有着深厚的感情,如今一个在病床,一个在养老院,见此情景,在场的我们欲哭无泪!

父母一辈子没麻烦过孩子,现在这个样子真的让人太难接受。

印象深刻的还有一件事。两个儿媳陪伴妈妈时,问她什么,多用手势回应，不说话或很少说。一次她正用手势回应，我进门了，开口问了一句，她顿时唠叨了半天。在场者纷纷打趣妈妈："还是最喜欢大儿子，说什么都听！"

每每忆起，百感交集！

分散在全国各地的弟妹，闻讯细姐（妈妈）生病住院，几十年未回老家的姨妈一家来了，远在山东的舅舅因患病自顾不暇，专门差遣女儿赶来。姨妈与妈妈龙门阵摆了一下午，两姊妹神情兴奋异常，但妈妈蜡黄消瘦的脸上写满了疲惫。

也许是意识到自己病情严重，要想办法留下些什么，妈妈突然提出要给姐姐和儿媳每人购买一件首饰，且指明要买铂金的。一家人都很奇怪，她一辈子没戴过的东西，怎么突然要给孩子们买？

几经推让，欢声笑语讨论后，女家眷高高兴兴各得其所。

虽山高水长，但妈妈一定是怕什么来不及，天顺其然，地顺其性，人顺其变，妈妈一定想的是此时刚刚好。

其时，妈妈的病情越来越重，睡不好觉，胃肠道反应激烈，不断起床呕吐，精神面貌极差，一副昏昏欲睡的模样。

转眼间，寒冷的冬天来了，少见雪的重庆居然下了雪，且还不小，媒体上有"千年极寒"一说。病房外寒冷的冬季，如妈妈的病情一样，让人不寒而栗。

2011年5月1日，爸爸到医院看望妈妈后的第二天。早上8点31分，随着监测仪上各条曲线的拉直，妈妈的心脏停止了跳动。

一辈子坚韧、勤劳、坚强，总是教导儿女们要走正道要积极向上的母亲走了。

告别仪式上我致辞：

我母亲生于1931年冬月初八。丰都人。回顾母亲的一生，平凡中透着坚毅、顽强！我母亲毕业于丰都适存女子高中，参加工作后在多个学校教书育人，直到退休。

母亲一辈子谦虚谨慎，勤勉敬业，忠诚厚道，对子女要求严格，与同事朋友和睦相处。母亲优秀的品行影响着我们一家四代人。我们将继承母亲大人的优秀品德，团结互助，和睦相处，好好工作和生活。

人有悲欢离合，月有阴晴圆缺，人生中最痛苦、最伤心的事情，莫过于亲人的离逝。母亲在人生的长河中度过了八十个春秋，虽然子女们悉心照料，却仍然离开了我们，病魔无情，她的仙逝使家族失去了一位好长者，儿女们失去了一位好母亲，孙辈们失去了一位好奶奶，天地当悲，山河当泣。

母亲大人，今天，我们虽有千言万语，也说不完您为我们后人留下的精神财富，也忆不完亲人、儿女对您的深切怀念。您将永远活在我们心中！

妈妈，您安息吧！

妈妈走向了陵园，走向了天堂，我的泪水流在心里，流在妈妈的音容笑貌中，流在对妈妈无尽的思念中！

我从哪里来？

人到中年，上有老下有小，工作生活让人气喘吁吁。母亲的离去，让我尤其感到人生无奈，人生如此，体会犹深。

在医院陪护妈妈期间，我有意识地问起了从未见过，也没听她主动讲起过的外公外婆，以及她家族的事。妈妈回忆起来非常吃力，但谈性甚浓。

地主家庭成分，妈妈从不愿提及自己的父母，"怕影响你们的前途"。从小听她讲得最多的是，作为长女，4个妹妹和1个弟弟如何在她的抚育教导下成长，考上大学远走他乡。

这才理解，高中毕业的母亲最终为啥选择了城市贫民的儿子——我的父亲！

外公外婆是丰都双路乡坦铺坝人。外婆去世早，外公继承其父家业，从商做生意，在万县开有棉纱厂，在县城有布庄，常年请有长工，几个小孩都是坐着轿子去县城上学。家里房子大，地多，当地姓杨的特别多，大都靠种外公的地为生。外婆擅长做咸菜，长工过年都提着一坛咸菜回家去。

可惜太外公晚年双腿溃烂，生病而死。

现老弟总是戏谑："我算不算富三代？"我则回答："你没听说过富不过三代?!"

有钱人，总有自己特殊的嗜好，外公晚年抽鸦片，健康每况愈下。后来公私合营，家道中落，他贫病交加，不久就去世了。

那时，母亲20出头，风华正茂，爱穿列宁装，在县城从小学上到女子高中。新中国刚成立，基层文化人少，母亲通过遴选当上了教师。

外公过世后，她一人靠教书的工资供4个弟妹上中学、中专、大学。母亲因工作能力突出，被选进县"文干校"进修，结业后因有弟妹要照顾，放弃了选调到别的学校任领导的机会。

"结婚时，你父亲已是小学第一校长，我从双路调到了他学校教书。"

父亲个子高高的，身材挺拔，五官端正，用现在的说法叫帅。因家穷交不起学费，在县城穷孩子集中读书的"会平小学"就读，毕业后，又在"孔庙"设的学校读完了初高中，因学习成绩优异，毕业就被选调到离县城最偏远的飞龙小学任教。

妈妈说，自己家庭负担重，结婚、生小孩都晚，1958年结婚时，已经28岁了。

母亲与父亲是"发言"认识的。当时老师常在一起开会，父亲有一次问刚发言的是谁？旁人介绍后，父亲就写信给母亲。

母亲第一次到父亲家，看到他家庭条件差，姊妹多，厕所墙壁是用纸糊的。父亲还说爷爷生病无钱医治，死后没钱买棺材，是亲戚邻居凑钱才将爷爷埋葬。

"知道这些后，我才同意跟他讲恋爱。"

真正是"出身不由己，爱人可选择"啊。

"时代的一粒灰，落在个人身上就是一座山。"此言反复得以佐证。

后来，父亲因工作能力出色，字写得好，被选拔到县委做文书工作。生性耿直，一贯教导我们要政治正确的他，因与领导意见不合，就被发配到大山深处的"板栗园"砍伐竹子，预备党员资格被取消。

"那个艰苦劲，是你们无法想象的。"父亲忆起总是不堪回首。后来，他回到乡村小学继续教书，但没有了领导职务。

年幼的我记得父母亲从早到晚总是在备课改作业，一口倒挂的铸铁大钟当当响起时，就是他们匆匆出门之时，早晚自习常常停电，办公桌上堆满了一摞摞课本与作业本，中间点着昏暗的煤油灯……开学、放假，一年又一年，周而复始。

1978年，中国人举国欢庆的春天来了。父亲的党籍恢复，在县城城关镇申请到了一套30多平方米的简陋"公房"，兄弟俩也从乡下转学进城上学。

天道酬勤，父亲再次因工作能力和表现突出，得以调进县教育局，母亲不久也调到了离县城更近的一所小学。

一个家庭的命运，与时代环境紧紧相连。全家人对此深信不疑。

三弟不曾远去

改革开放,让一家人也看到了美好生活的希望。

但天有不测风云,家有旦夕祸福。1986年,不幸降临,一家人悲痛欲绝的事发生了。

酷热的夏天,长江洪水滔滔,18岁的三弟在江边玩耍,不幸坠入江中,不会游泳的他,从此与我们阴阳相隔。

接到父亲电话时,我脑子一片空白,火速赶回,徘徊江边,只见洪水翻腾,江水陡涨,船舶停航。哪有弟弟的身影?

全家人相对无言,欲哭无泪。

三弟生于1968年,那个年代出生的孩子,名字都取得很革命,取名"忠",母亲说是忠于党忠于毛主席的意思。

一家人爱怜地叫他"三"。两三岁了,发现他说话不清,总是简单地说一个字或重复说两个字,智力发育比同龄人迟钝许多,到了该上学的年龄,试着送他上小学,但无法适应。

记得有一年春节,全家到县城照相馆合影。照片取回,才发现三弟一个人脑壳晃动,面部模糊不清。一家人为此嘻嘻哈哈了许久。

微薄的工资,生活的重担,已经压得父母不堪重负,三弟的教育,全家人不知所措,束手无策。除了能吃饱穿暖,可怜的三弟,十五六岁了,无所事事,常常一个人跑到江边渡船上玩耍,才酿成不堪回首的悲剧。

"三",成了一家人一辈子不敢也不愿提及的话题!

时光荏苒,三十多年过去了,我一刻也不曾忘记三弟,专节记此,以示怀念。

三弟,永远活在我们心中!

附录

"60后"的成长之路

01

20世纪60年代中期,我出生于长江三峡库区一个小县城丰都。丰都原隶属四川省,后被重庆直辖。

丰都的由来颇为传奇。

东汉和帝永元二年(公元90年),从枳县内分出,单独设县。古人看重平都山(今名山)的灵气,取名为平都县。相传隋开皇九年(公元589年),隋文帝杨坚下诏取豐民洲(今名山镇)的"豐"与平都山的"都"字,改名豐都,这是历代使用"丰都"县名之始。

"豐"字复杂,难认。明洪武十三年(公元1380年)明太祖朱元璋下诏,改"豐都"为"酆都",更让人不知所云了。1958年,周恩来总理视察后建议并报国务院批准,改"酆"为丰收的"丰",喻意"丰收之都",既适应汉字简化,更为人们书写方便。

一字之改,确实符合文化的传承,简单易记,方能传之久远。

三峡库区蓄水前,丰都县城是目不忍睹的。小到不足一平方公里,只有两条大街,当地人叫"前街"和"后街"。

"后街"上游端头"王庙拐"地段,一个叫"天福寺"的地方,我家就住那里。用现在的话叫居民小区,小区中央有座寺庙,名"天福寺",每年农历三月三庙会时节有零星香火。

类似的庙宇，鼎盛时在名山和县城内有75座，它是"鬼城"的鲜明符号。

围绕"天福寺"前后左右，杂乱无章、横七竖八地住着多户人家，户与户间窄小的巷道坑洼不平，下雨天屋檐水滴滴答答。没什么砖房，几乎全是历经风霜摇摇欲坠的土墙瓦房，不少住户房前屋后开荒种有甘蔗和蔬菜。

准确说这是我奶奶的家，在寺庙正门的右后方。紧贴两扇大门有个矮矮的腰门，开关时吱嘎吱嘎地响，往里三间房，叔叔和姑姑家各占一间，最里间黑咕隆咚，瓦片上有一片亮瓦，由奶奶住。连通旁边用木棍和宽篾片搭有一间厨房，宽敞但可吹进风雨，最神奇的是，厨房后挖有大坑，就是全家人的茅房。父母在乡下教书少回城，我就跟奶奶住。

"天福寺"是典型的贫民大杂院。家家户户少则四五个孩子，多的七八个，大人们大多以打铁、编竹器、糊布壳等手工业为生。

我从未见过的爷爷，无论春夏秋冬，风吹雨打，都肩挑用竹筐编成的面担，手提"洋油灯"，走街串巷，靠卖"包面"（丰都方言，又名"抄手"）为生，如何将五个孩子养育长大，实在无法想象。

父亲每每忆起从小随爷爷在长江边顶着凛冽江风，眼神乞盼着卖"包面"的日子，总是黯然神伤，郁郁寡欢，我和弟弟从来不敢再多问一句。

小脚的奶奶，是新中国成立前从河南逃荒到此，如何落户已无从考证。我出生时，繁衍生息，已是第三代。

我姐弟4人，兄弟3人均出生在"天福寺"。姐姐是妈妈在灾荒年被抽调到县福利校教书，学校解散时抱养的。

母亲讲，生我时未进医院，吃完早饭，肚子发作，养育过5

个孩子的奶奶经验丰富，火急火燎地叫来离家不远的接生婆，用家家户户都有的大剪刀在火上烤几下算作消毒，对着脐带一剪下去，陈家的长孙诞生了。

从小，奶奶就特别喜欢我，从她的言行中全家都心知肚明，可能是长孙的缘由吧。常常在一堆孙辈中，她从兜里悄悄掏出一颗糖或别的什么零食，迅速塞进我嘴里或衣兜。看她佝偻着，走路一颤一颤的身姿，心里总是特别温暖。

爸妈在长江对岸几十公里远的山区教书，班车不准时更不准点，来回一趟极不容易，十天半月和寒暑假才能回城照料我，身强力壮、吃苦耐劳的父亲放心不下，常常走几十里路回家。

爸爸讲，有一次带着想妈妈的我，从县城一路背一路走回学校，小小年纪的我累得筋疲力尽，爸爸嘴上表扬我，实则心疼了很久。

童年我是在奶奶的疼爱呵护中度过的，上幼儿园的情形已没有了记忆。

02

父亲五兄妹，大姐早早出嫁另立门户，另三姊妹住在"天福寺"，家家自顾不暇，都顽强地活着。但姑姑们对我父母不知为何有着一种天然的排斥和看不起，口头禅常常是"在乡下教书的"。在城里上完幼儿园，我自然而然回到了父母身边。

爸妈任教的学校名包鸾小学，是包鸾区公所的一所中心学校。校址最初在离场镇三四公里远的地方，地处盆地中央，群山环抱，视野开阔，田地纵横交错，农家星罗棋布，炊烟袅袅。一条小河贯穿盆地，常年淙淙流过，清澈见底，算是包鸾坝的母亲河了。

包鸾是典型的山区农村，离县城四五十公里远，农民日出而作，日落而息，以传统种养业为生。但"包鸾凉席"远近闻名。

凉席用当地海拔 800~1000 米高山上的冷竹编织，篾纹细密，体感凉爽不硌人，柔韧性佳，轻巧美观，工艺精湛，成品呈淡黄色，在光照下呈半透明状态，折叠后展开没有折痕，是家家户户夏天居家纳凉的绝佳床上用品。凉席制作历史据称可追溯到明末清初的湖广填四川，至今已有 300 余年历史。

母亲河两岸灌木丛生，河水深浅不一，是大人们挑水、洗衣、清洁农具的好地方，更是喜垂钓者的天然场所，尽管收获的大多是小鱼小虾。

从场镇到学校，沿母亲河有一条弯弯曲曲的青石板路，日久经年，被踩踏得异常光溜，雨天不小心摔跤是常有的事。中间有五六十米路被河水冲刷凹陷，大家叫它"垮河边"。

垮河边是夏天大人小孩洗澡嬉戏的好去处，更是我们一家人的精神寄托。因父亲常常被抽调进城公干或出差，回来走到垮河边时，站在学校操场边能远远地望见其身影，"爸爸回来了"，有可能买了糖果之类的零食，有可能又带回了连环画书，又是一个快乐的日子。

校园没有围墙，教学楼一楼一底，楼梯楼板均用木板铺成，踩上去吱嘎作响。教学楼面向篮球场，场外就是一块一块的田地。

与教学楼并排的是一楼一底的教师宿舍，低矮阴暗，楼中间是黑黝黝的巷道，没有光亮和电灯，20 间宿舍呈两边排列。

我家住紧挨教学楼端头两间，齐胸高的窗门外就是屋檐下的人行道。记忆犹新的是积攒了满满两个烂木箱的连环画书，因窗门太矮，被一个熟识的紧挨学校住的村上同龄小朋友翻窗窃走了，当时极其难过和愤懑。

学校大礼堂空荡荡的，泥土地面凹凸不平，只有师生集会时，舞台上有表演，礼堂才有一丝生气。

包鸾坝的生活经历，是我对农村最初的印记。从小避免了四体不勤，五谷不分，不会混淆小麦与韭菜，知道田埂上长有折耳根，认识农家干活的农具，蹲在田埂边捉蝌蚪、鱼虾更是童年的日常。

我曾恳求妈妈买了几根缝被子的大针，用一根竹竿破开一头，将一排大针呈丁字型插入，用细麻绳间隔距离捆绑紧，趁夜色照着手电筒，在稀泥烂浆的水田里捅洞刺黄鳝泥鳅。

童年不仅仅是无忧无虑，也充满了意外的风险。

一年夏天中午，趁大人午休，我和两个小伙伴顶着烈日兴高采烈地下到"垮河边"洗澡。夏天河水上涨，水流湍急，河中间段河床呈漏斗状。会几下"狗爬式"的我想游过对岸去，哪知人小体力差，游到河中才发现踩不到底，顿时慌了神，阵脚大乱，手乱打脚乱蹬，几沉几浮，不知费了多大劲才扳到浅水处站了起来，被水呛得脸青脖子粗，坐在乳白色的河沙堆旁大口大口喘气。身旁两个小伙伴吓得目瞪口呆，不停地拍打我的颈后背。

长大后有此番经历的同道者，常常站在江边叉着腰，自得意满地谈心得："学游泳不呛几口水，不经历一场生与死的惊心动魄，哪能享受水中自由啊。"我想起"垮河边"的险象环生，暗暗沾沾自喜，感同身受。

游泳现已成了一生的业余爱好。乌江两岸来回畅游成了家常便饭。人到中年，我两次随冬泳协会横渡长江。博客有文：

冬泳人横渡长江

2007年11月22日，涪陵60多名冬泳爱好者在没有标识没有联络工具无明确分工的情况下，泳友各显其能搞来的七八辆小车、一辆大客车，中午12点30分从南门山出发，一路上你超我赶地到达丰都长江大桥头。

路边停车，手忙脚乱地在大客车车厢两边贴上用红纸手书的标语"热烈祝贺丰都冬泳协会成立一周年"，以示我们还是有组织的。

丰都冬泳人也极具想象天赋，一辆车门上有"电信"两字的白色小货车，醒目地张贴着"向涪陵泳友学习"的大字，算是热情欢迎涪陵泳友的到来。

发烧友组织能力异曲同工。

在这辆"前指车"的引领下，五颜六色的车队浩浩荡荡地开进沿江滨江大堤。

下车直奔码头，双方泳友坐过河船向长江对岸进发。

丰都滨江大堤与它的邻居——涪陵城长江大堤有点不一样，市民可以与江水零距离接触。见有一群人要在这深冬时节下河游泳，大堤上无论在干啥的人瞬间就被这群"疯子"吸引，目光如电。

上过河船前，没有任何下水前的提醒或说明，比如东西往哪搁？游程距离多远？估计用时多少？众人只看到：要坐船过河从北岸游过来！

大家站梯坎上集合点名，以防少一个人。但好玩的是，点到后面七八个的时候不点了，说了一句莫名其妙的"就是你们几个哈"。

可怜几位全副武装到牙齿的泳友，眼巴巴地看着点名者——"我们不是来看热闹的"。

确实奇怪，从报名参加活动到一路上收20元"活动集资款""签生死文书"，那个积极主动劲，让人感到好不容易找到了组织,咋下水前点名就被省略了呢?

细看,才知未被点到的是涪陵冬泳协会"乌江大桥南桥头分会"的爱好者。

这几爷子不是省油的灯,平时都在乌江南桥头上面游弋,没有或绝少到大部队常游的烟厂下"贵航站"河段游,所以他们自封分会,以示对大家共同爱好的尊重。

他们中有赫赫有名并带有两名徒弟的"艾八圈",有多年坚持冬泳年近60岁的"杨八姐"……这次获悉要到丰都横渡长江,个个跃跃欲试,只是在报名的过程中信息渠道不畅,反应慢了点。但未曾想在生死攸关时被省略了。

省了就省了吧,"大家游时小心点就是",泳友豪情满怀地互相提醒着。上船、过河。在船上,两地泳友热烈交流冬泳体会和今天要横渡的情况……

下到一片乱石沙砾滩后,先期过来的丰都泳友放响长长的鞭炮鼓舞士气。

换衣下水,没有"救身包"的,衣服就放在几条救生船上。

丰都健儿在前,涪陵崽儿居中,"你们初来乍到没得我们识水性"。

几分钟后,宽阔的江面上人头攒动,五颜六色的游泳帽把横渡队伍装点得蔚为壮观!《巴渝都市报》、丰都电视台记者随救生船全程跟踪采访。

江上走下水的两条"千字驳船"远远停了下来,海事艇、救生渔船前后左右围绕横渡队伍游弋。

一位上了年纪的女泳友拖的"救身包"出了点问题,四个壮汉几把自由泳快速靠近给予协助,险情迅速解除。

平时在乌江游冬泳的涪陵人多,在长江游的人少,丰都人则不一样,一个娇小玲珑的女士边游边跟涪陵的"两圈"摆龙门阵,"我们平时游长江都是一个来回"。

我则保持一贯的游速,深深知道水中这爱好不能争强好胜。麻烦的是戴的近视眼镜要不断地擦水,游了大约三分之一的长度,我果断取下眼镜塞进腰身后的"救身包",继续往前游。

涪陵"两圈"上岸后说"狗日的是要凶些,一会都超过了我"。我观察,丰都冬泳队伍大多是50岁至70岁的爱好者。为防意外,丰都方面的高手今天都担当了救生员职责,比有些人"技高一筹"哦!

从2点50分分批下水,最快的只用了30多分钟就游过来了。4点全部安全横渡成功。

岸上看热闹的人越来越多,黑压压的有好几百人。大多睁大双眼,窃窃私语:"硬是不怕冷个,还有女娃二啰。""那个好大岁数哟,腰不倒台。"

有趣的是,有队员上岸后换衣服,临时搭建的帐篷不够用,勇敢的男子汉屁股对着人群就换,女士则找几个人围拢就脱!

晚饭时,全体泳友在一家渔庄共庆横渡成功。涪陵人每人20元,"羊丁丁咬尾巴,各人吃各人"。觥筹交错,欢声笑语。

涪陵组织者最为高兴和庆幸的是一个未少!

2007年11月23日草于涪城

03

20世纪60年代的人完成义务教育,小学五年,初中两年,读满七年是标配。而我加上高中,共读了八年半书。

近水楼台,未满7岁,我便在父母任教的小学开始读书,母亲教过我语文、数学,成绩还算优秀。记忆中,我跟父亲学写毛笔字,跟老师们学打乒乓球,参加学校文艺宣传队,是整个小学阶段的日常。

　　从小在校园生活长大的孩子，上学放学都在校园内，思维单纯，行为拘谨，胆小怕事。但对学习用心，德智体美发展全面，只是劳动课比同班的农村同学差远了。

　　我最骄傲的事，就是向来校开会的老师们炫耀一沓沓毛笔字习作。习作用粗劣的黄色草纸写成。父亲每次把草纸精心剪裁成A4纸形状，打好田字格，拿着上课用的尺子站在我身后，一笔一画指导督促，态度不端，领悟力差，先警告，后落尺子在我手背。我第一次领教了什么叫"黄荆棍下出好人"。

　　最难忘的是，上课下课都在排练"三句半"，学练快板和锣鼓。校宣锣鼓队由四人组成，鼓、锣、钹、镲，四人各司其职。任文娱委员的我负责打鼓。鼓比腰鼓大，呈椭圆形状，红色，不绑在腰上，用红绸绳挂上脖子，鼓挺在肚皮前，沉甸甸的。鼓点节拍简明扼要，咚咚咚咚，清脆响亮，遇大小热闹、庆祝之事，我们都会上场，总会赢得阵阵掌声。

　　如此这番，小学在蹉跎中度过。

　　那时流行"跳级"，印象中是为了适应初中招生，我莫名其妙跳了半学期，结束了小学四年半的时光。

　　初中在原小学校址就读，彼时改办"丰七中"，是包鸾区十里八乡小学毕业生心中的"985"。

　　一幢教学楼，一幢学生宿舍，一个大礼堂，一个操场，即是学校全景。师资力量是小学无法比拟的，有"文革"前的川大、西师毕业生，有县师范毕业生，大都气质儒雅，风度翩翩，活力四射。

　　印象最深的是英语老师，姓徐，"文革"前川大毕业，身材瘦削高挑，小小脸庞上戴着厚厚的眼镜，两只硕大的耳朵向前倾着，冬天脖子上总围着大红色围巾，上课时边移动边摇头晃脑，闭眼读着"How do you do?"。

也许是他与父母熟识，我对学洋文非常感兴趣，成绩也不错。糟糕的是数学成绩，我不爱听课也听不懂，恶性循环，偏科的结果是给以后参加高考名落孙山埋下了祸根。

那个年代，乡村生活简单、重复，我不知外面的世界。最奢侈的日子是赶场天，热闹，人多，可以在唯一的小食店花两分钱买个馒头或米粑，围观区公所在简陋球场组织的篮球赛。大部分业余时间百无聊赖。除了知道读万卷书，不知要行万里路，还应阅人无数，更不知道人生需要高人指路。

毕竟是教师家庭，受望子成龙观念驱使，父母意识到孩子的前途首先应走出偏僻的乡村。

在乡村中学读完初中后，双亲作出重大决定，将我和二弟转学进城读书。

第二年，高考制度恢复，考上大学，成了我努力的方向。

但理想与现实的落差不是随意能缩小。

二弟上"城二校"小学，我上"丰都中学"初中，母亲晕车不能坐车，在乡下还有三弟需要照顾，父亲周末进城，料理家事。挑水、买菜、煮饭，一切家务全由兄弟俩承担，学习状态和成绩可想而知。

城里学校没有想象中的美好，只是师资更全，体育场更规范，学生更多，但与乡村中学一样，劳动课特别多，十几岁的娃娃常常被组织到城郊参加劳动，剥青菜头，抬石头，挑粪淋菜。加上没完没了的家务，还要照顾读小学的弟弟，我数学成绩本来就差，此时更是一落千丈，在高考百分之二三的录取率面前，偏科，让大学成了梦。

我的义务教育至此画上句号。

在县城读书，最大收获是锤炼了独立自主的生活能力，受用至今。

04

大学梦破碎，社会多了一名17岁的待业青年，青春萌动，无所事事，困惑迷茫。母亲说："政策允许提前退休，你接班当老师去？"

当时有三条路可供待业青年选择，一是接班父母的职业，二是当兵，三是参加招工。从小在父母教书的学校长大，本应对校园对老师天然喜爱才对，但不知为何，我对教师职业毫无兴趣，一口回绝，母亲不再勉强。

1981年夏天，长江发大洪水，待业青年不吸取"垮河边"教训，整天顶着酷暑到江边洗澡戏水，在趸船上一不小心，盛满大桶混浊江水的铁凫桶从手中滑落，将右大腿挂花，鲜血直流。母亲见用背心缠着大腿的我回家，气愤无奈涌上心头，很少发脾气的她大吼："不争气的东西，看你以后哪个办？"

"以后哪个办"的机会来了。县供销社招工，不考算术，我以高分获录取，兴冲冲跑去领通知时，还被夸奖"答卷钢笔字太漂亮了"。坐下一面试，考官倒是满意了，我则一脸懵逼，居然是分配我到最偏远的栗子区供销社煮饭，当炊事员！

命运就是如此，虽不心高气傲，但有一种莫名的年少轻狂，对求职的基本信心始终存有。因为除了数学，其他各科成绩都堪称优良。

自然而然，世间少了一名川菜墩子师傅，多了一名对人生更加迷茫的彷徨青年。

巧的是，八年后，我因采访老党员赵正和来到栗子供销社，只见老赵住在10多平方米的宿舍，天花板用竹席铺成，灯罩用锡箔纸自制。一张床、一个柜、一张桌、几条凳，就是全部家当。他自掏腰包为公家修整陈货销售。榜样让人感佩。但我想得更多的是，当初要是来到这里，我会不会成为老赵？

寻寻觅觅中，当兵的机会又来了。报名、体检、政审，一路过关，在接到录取通知书的当日，母亲突然说："刚刚拿到一张《群众报》，见登着公告在招考新闻练习生，你的语文成绩不错，去试试？"

报社、新闻练习生是干什么的？不懂，听父母粗浅介绍后，大致明白新闻练习生就好比是学徒，有前景成长为新闻记者，我便毫不犹豫地报名了。

笔试、面试，过关斩将，我成功被录取。

很多同学当兵了，我去码头送他们，依依不舍，笔记本送了一大摞。

印象最深的是报社周大昌副社长面试时问，喜欢看什么书，高考语文成绩考了多少分。他拿着一张纸盯着，取下眼镜在桌子上轻轻地边敲边自言自语："笔试还不错。"

报到时，在父亲的陪伴下，我提着一个深紫红色小木箱，怯生生地走进了涪陵城中山西路一幢一楼一底、非常陈旧的褚红色编辑部大楼。

40年的新闻人生开始了。

过　年

　　还有三天就是兔年除夕。隆冬时节，寒气逼人，但丝毫不影响过年的氛围，尽管疫情尚未消散。

　　少爷昨天发微信说："初一才能回，年三十在二姨新家吃饭，坐舅舅的车要第二天才回涪。"

　　儿子作为我唯一的孩子，从小就叫他"少爷"，至今未改此习惯。

　　少爷应该是我最亲的人，但恰恰相反，由于刚上小学，她母亲就执意要与我离婚，谁对谁错说不清。随母亲长大的他，与我的感情就很疏远，甚至淡漠。

　　这是我的焦虑，我的痛。

　　小时候，有一次一起过完周末，送他回家，分手时他万分不解地问："爸爸你哪个不回家呀？"

　　顿感双眼模糊，强忍着泪水，不知如何回答，我敷衍道："长大你会懂的。"他不明白什么叫离婚。

　　该死的婚姻，受伤害最深的永远是孩子！也许如此，养成了他沉默不语、敏感、自卑、内敛的性格。我常常为此黯然神伤，现尤为强烈。

　　2017年他大学毕业参加工作后，过年差不多就是我俩爷子在一起。我常常想抓住机会，有意识地拉近与他的距离，无话找话聊他的工作生活，但给我的感觉，收效甚微。只不过感觉得到，也许是他在长大，我在变老，敏感的儿子对老爸的感受还是很在意。

有一年春节前,他与一名同学到日本旅游,回渝后来涪陵看我,不善言辞的他从随身挂包里摸出一个压得干瘪的类似酥饼的"日本产"递给我,算是从国外带回的礼物。

我血脉偾张,毫不掩饰地大口吃掉。印象中这是他第一次送我礼物。

一辈子从事媒体工作,我不到18岁考进报社,远离父母独自生活,30出头才结婚,养成了凡事自己面对的习惯。

一个人过节过年,没感到孤独,也不觉得无聊。

父母在时,雷打不动,年年回家过年。有一年除夕,与儿子一起在下楼不远的龙河对岸,尽情燃放鞭炮,快乐无与伦比。第二年除夕又去,俩爷子沿河岸走了多遍,奇怪的是一个放炮的都没有,意兴阑珊,无语而归。

有媳妇时,到对方家拜年,大家族,人多,反倒不自在,不知该说什么干什么,只能假装有兴趣地看着他们欢笑,听着麻将声声。过年过节,川渝人家几乎人人动手能力极强、兴致高昂的麻将,我从未想学,也毫无兴趣,所以遇年节自己就成了一个无趣之人。

小时候除夕到来,受传统文化影响颇深的父亲讲"一夜连双岁,五更分二年"。围炉守岁,放鞭炮,贴春联,初一早上全家吃汤圆,穿新衣,拜年发红包。

时光流逝,父母离开了我们,与他们在一起过年的情景成了永恒的回忆。

再后来,除夕有了央视的春晚,也成了我过年的新民俗。年年看,办了多少年看了多少届。20世纪80年代有一年,家里14寸黑白电视收视靠室外天线,信号时断时续,气恼又无计可施,人小不懂事,年三十跑到邻近要好的同学石勇家才看完。

陈佩斯、朱时茂的小品《吃面》《主角与配角》，题材新颖，演技精湛，是真正的经典，"老农民"赵本山作品《卖拐》和《卖车》源于生活高于生活，嘲讽辛辣，包袱不断，无论多少毁誉，仍无出其右。

一个人过年后，无人打扰，看春晚更专注。近几年随着年龄增长，可视化作品泛滥，我看得没那么认真了，对不起，春晚。

我对中国人过年讲究的吃喝，更是无感。细究，应得益于家传没有吃喝的基因，完全不像有的人家几代人对烹调无师自通。父亲家是典型的城市贫民，一辈子无烟酒茶嗜好，基本不会烹饪。我从小到大，厨房都是母亲一人操持，她虽出身富贵家庭，但也只会家常便饭和腌咸菜。

母亲腌咸菜的手艺有家传渊源，她讲，小时候家里专门有一间房整齐地放着一排咸菜坛子，泡菜、酸菜、酢肉，不一而足。

印象最深的是妈妈做的酢海椒。逢场天买回红色、绿色的新鲜细长条辣椒，铡成细米粒状，与磨细的米面、苞谷面搅拌均匀，再倒入切细的生红苕丝混合，装坛用芭蕉叶盖住，细篾片箍口后，倒扣在一个盛水的盘子里，酢海椒制作便大功告成。静置发酵一段时间后，就可取出蒸熟，加蒜苗炒肉，那滋味每每想起，垂涎欲滴。如今偶尔逛菜市场买酢海椒，居然是用芋头丝拌辣椒而成，小时候的味蕾再难觅踪影。

我初中未毕业就与弟弟独自生活，自理家务事的同时，只学会了煮饭。几十年过去，至今一个人能料理简单的饭菜，满桌佳肴就别指望了，只有对咸菜的喜爱坚持了下来。

所以一个人过节，就没那么烦琐。

2022年临近春节时，右脚踝不小心摔成骨裂，待在家实在太无聊，我就着手计划已久的一本书稿写作，谁知急于求成，用力过猛，在电脑上待久了，双手患上"网球肘"，还头晕，怀疑是

"三高"作祟，一查，血压血糖临界值，"封笔"一段时间后又打开电脑，故态复萌。胡吃海喝倒是再也不敢了。

许多人都说，人生短短几十年，真还不要太累太在意。一位年轻时风光现落魄的酒友说："人生有吃有喝就行。"他在酒桌上心满意足、玩世不恭的模样，让人点赞。

记不清哪位自媒体人说过，过年众人的狂欢是寂寞的表达，一个人的寂寞才是真正的狂欢，深以为然。

兔年的除夕到了，我要烧饭看春晚去了。

一个人。

2023 年 1 月 21 日除夕

"特种兵式"出游：老头的另一面

前媒体人刘原说："还没发疯过，就这么一声不吭地老了。"不能这样。

4月，三峡库区乍暖还寒，习惯了长江边四季分明的8个老头相约，自驾去云贵川高原走一走，那边应是春暖花开了。

团队中最小者本月也已59岁高龄。从小到老，平时忙于生计，如今终于有时间肆意挥洒余生。再目测，退休月收入都在6000以上。不花点对不起自己和家人。

你观察，但凡退休者少有与同事如胶似漆的，几乎都是与乱七八糟的同学和朋友形成新的朋友圈。此现象值得社会学家专题研讨。

按攻略要去的几个地方，于我大都是重游，兴致并不高。但这是生平真正意义上第一次长途自驾游，且泸沽湖让我心驰神往。

最近网上说，时下年轻人流行所谓"特种兵式"旅游，说用周末两天甚或一天时间，坐高铁到达目的地后火速打卡多个景点，然后速回该干嘛干嘛。高强度游一趟，找一个"我去过"的存在感。

8个老头的此行就如此，只不过"拉练"时间更长。

镇远古城：现代版的千与千寻

首站贵州镇远古城。从渝入黔，一路高速。

舞阳河穿城而过，古城沿两岸"生长"，游客以能自理的老年人为主，才意识到五一长假还未到。同伴们沿岸而行，在石屏山脚、青龙洞前争先恐后留此存照。

坐船领略舞阳河风情。河面宽敞，绿波荡漾，临水木质结构的民宿客栈悬空而建，鳞次栉比，家家高挂红灯笼。侗族船工健谈，说北岸为旧府城，南岸为旧卫城，古城远观颇似太极图。

一生以写字为生，我习惯性查资料。镇远古镇是黔东南苗族侗族自治州镇远县下辖镇，自秦昭王三十年（公元前277年）设县开埠已有近2300年历史，元代、清代为道、府所在地达700多年之久，素有"滇楚锁钥、黔东门户"之称。

机动小船沿河水蜿蜒，以"S"形穿城而过。两岸城池为明代所建，城内外古建筑、传统民居、历史码头数量颇多。古城处处透着被改造修缮的痕迹，厚重沧桑的少数民族传统文化气运已少有踪影。

上岸后，古民居、古巷道随处可见，狭长幽深，生活气息浓厚。让人惊奇的是，巷道旁各家大门，都不与小巷平行或垂直，小巷也不与客厅正对，各家大门都歪斜地对着大街，咋回事？

这就是镇远古民居一绝的"歪门邪道"。老住户们说这"歪"与"斜"是遵从风水"以南为尊""财不露白"之喻意。哦，这才是流淌在古城生生不息的血脉吧。

入夜，窗外河两岸光影迷离，人影绰绰。沿河而行，可见少许广场舞者。有现实版"千与千寻"之味，但比重庆长江边洪崖洞还差点。

寻得一网红"陈记苗菜馆",可惜人满为患,一座难求。个个饥肠辘辘,不得不胡乱找一店家坐下。"酸汤鱼。"大家异口同声喊。

贵州饮食以酸辣为主,镇远特色未曾细究,只知肠旺面是极负盛名的风味小吃,劲道、滋润、醇香,有血嫩、面脆、辣香、汤鲜之口感,可惜未能上桌。

众人青睐的酸汤鱼,当然是贵州声名显赫之物,番茄味纯正,色泽亮丽,鱼肉鲜嫩,店家声称鱼在当地叫"肥头"。同行有职业为船长者,他普及此肥头非"长江肥头",是冷水鱼而已。

打卡,看个大概。同行者有诗词达人姓唐,我戏谑"唐诗":

舞阳河润镇远镇,古城新装意味来。石柱宝亭桥中立,机动篷船载客财。鸡叫鸟鸣穿空声,早背书包只学生。若无高速助我行,镇远不过山区城。

日本动漫电影《千与千寻》有台词:

千寻:我们还会在那里相逢吗?

琥珀主:一定会的。

千寻:一定噢。

琥珀主:一定。你去吧,记得别回头噢。

千户苗寨:悲哀的商业化

一路高歌,去百余里外的"千户苗寨"。

前几年都知晓,贵州是全国第一个县县通高速的省份,这一桂冠让平原连绵的北方情何以堪?

千户苗寨位居贵州省雷山县东北部。还未进寨,巨大的规模和恢宏气势映入眼帘。吊脚楼依山而建,顺着地势起伏呈现多样变化，层层叠叠，连绵成片，与其说是村寨，不如说是一片由吊脚木楼组成的黑色森林，从山顶直铺到山脚，蔚为壮观。

从北门入寨。进入前，广场上芦笙阵阵，着盛装的苗女在雄浑大门前整齐地摆着迎宾酒，游客纷纷品鉴是虚晃一枪，与苗女合影才兴趣盎然。

千户苗寨，全称为"西江千户苗寨"，有说"西江"是苗语的音译，史称"仙祥"。雍正七年"苗疆六厅"建立，改称"鸡讲"。民国五年易名西江。但我认为更靠谱的是说，西江地名中的"西"指迁徙而来的苗族西氏族，向已在此居住的苗族赏氏族讨来之地，"江"通"讨"，"西江"因而得名。

漫步在寨内凹凸不平但光滑异常的龙骨石路上，游客熙熙攘攘，白水河穿寨而过，将苗寨一分为二。我之前来过两次，感到一次比一次商业气息浓厚，此次所见更甚，除河对岸新吊脚楼多了不少外，街道两旁无一例外全成了商业和餐饮门店。

商业化，是红火景区通病，本来没啥不妥，否则咋生存，更遑论发展。问题出在看不出战略规划，无自己的特色，低档次的开发就没有良药？战略咨询大师、贵州人王志纲看了不知作何感想。

资料介绍，2005年统计，西江苗寨有住户1288户，6000余人，苗族占99.5%，号称是全世界独存的苗族最大聚居地。如此众多人口，苗家风情影子只余吊脚楼了。

吊脚楼房前屋后多翠竹点缀。一般多为三层，底层以青石、河卵石垒砌，一层圈养牲畜，二层住人，三层为粮仓。居住层有长廊，围木栏，设长凳，苗家姑娘多在此挑花刺绣，人称长廊木凳为"美人靠"。

正寻寻觅觅之时，"中国民族博物馆西江千户苗寨馆"映入眼帘。

博物馆面积不大，由苗族风格的六栋单体两层吊脚楼建筑群组成，不售门票，只需登记身份证即可进入。无人导游，自行参观，游客像无头苍蝇四处乱窜，秩序杂乱无章。

展陈分前厅、历史厅、生产厅、节日厅、歌舞厅、建筑技艺厅、服饰银饰厅、体育苗医药厅、巫文化宗教信仰厅、生活厅、多媒体多功能厅。多个厅关闭。缺乏声光电应用，只有不多的农耕文化、银饰、苗族医药、巫术文化、苗族服饰等生产生活图片、画像、书籍、实物，都略显陈旧，吸引力可想而知。先祖蚩尤如参访，不知有何感想？

这是成熟景区的标配模式，将当地历史人文风情聚合静态展陈，再辟一广场动态呈现土著歌舞与游客互动。

出博物馆，马路对面有一大块圆形表演场地，连廊环绕，中央立着一根硕大的柱子。时间不对，未能一饱表演眼福。场地门楣上有几个不认识、电脑上也无法打出的大字，这或许就是残存的苗家文字。

此前来时曾体验过一次苗家拦门酒。餐馆在苗家楼上，入户门前一排着苗族服饰的中年妇女，唱着苗歌，端着盛满米酒的竹筒，客人依次而入，过一个必喝一个，耍赖者酒桌上会被重点关照。苗妹呈楼梯状站在你身后，从头顶往你碗里倒酒，那酒永远不会枯竭。长条桌上欢声笑语，让人回味悠长。

"以美丽回答一切"，千户苗寨印在门票上的这句口号应该不仅是印在纸上。

路南石林：靠讲故事挣钱

人在旅途，有人疲态显现，毕竟岁月不饶人，但出发时的兴致还在。

从贵州晴隆入滇,首个撩人兴趣的城市是曲靖。同伴中有途经大小城市都意欲到衙门打卡的爱好者。两车前后下高速。

不看不知道,一看吓一跳。虽是车览,印象之深恐成永久谈资。

曲靖大街宽敞整洁,两旁树影婆娑,建筑造型别致。南方城市气息春风拂面。

因车览,我对标识标牌尤其在意,因许多城市对这类小节,都是执"本土本乡哪有不识路"的理念,就是未从外乡人角度思考设置,但担心多余了。离开许久,都在想,窥一斑可见全豹,当地治理水平之高让人感佩!

顺利到达石林。

云南有两个石林,名气最大者是"路南石林",也是国人蜂拥之地。

老景区,成熟、干净。60岁者门票5折,贵州境内是全免。

进入景区前的"阿诗玛文旅城",一路上着白族服饰、个个戴大口罩挡脸的导游,自我推销当讲解员。反正不辨真伪,8个人也算一旅游团,花160元聘了一人,从始至终未识其真面。

上摆渡车前,管账者购水果多份,高原产,日照充足,果甜水多,家乡之物不可比拟。

核心景区主要分大、小石林两部分。跟随导游,游览莲花池、古崖画遗址、剑峰池等等,忽上忽下,在石头缝中转弯抹角,直爬上景区最高点"望峰亭"。

"望峰亭"上风声阵阵,场地逼仄,拍照者众,上下拥堵。环顾四周,石林尽收眼底。重庆的万盛土石林,一堆一堆的泥土中夹着石头,石头中镶嵌泥巴,不高耸不连绵,可视性稍差。路南石林全是竖直和奇形怪状的块状大石,似刀劈斧削一般,中间插花式生长着绿植，规模也更大更雄伟。

"景区美不美，全凭导游一张嘴"。在我看来，导游大部分讲的景点故事牵强附会，都呈"有点像"之感，小石林里的阿诗玛石像，不微抬头把右手搭在左肩膀比给你看，无论如何想象不出它居然是20世纪60年代万千观众眼中的"阿诗玛"！

印象深的还是"石林"二字，由民国时期云南首任省政府主席、号称"云南王"的龙云题。导游说，落款"龙云"二字是其儿子从美国回乡参观后要求补遗上去的。

石林，是此行目前为止深度游玩之地，唐姓诗人难掩诗性，赋诗一首：

石林赞

千奇百怪一群石，穿梭幽静难出林。百变维度均佳景，拐角处处留人影。耳边传来芦笙声，阿诗玛妈舞彝姿。片石居然敲缶声，鬼斧神工谁造型？自然奇葩在人间，霞客可曾留足迹？查询古人颂石林，总觉诗赋少符实。

星光夜市：振兴经济的模样

过桥米线，高速风景，红塔故事，七彩云南风情万种。更精彩难忘的是景洪见闻。

景洪，西双版纳州府所在地。晚9点抵达城区安顿后，只见不远处人影幢幢，热闹非凡，原来是"龙舟夜市"开张了，各类水果、吃用小玩意一摊接一摊，虽走马观花，仍新奇不已。暗赞这才像振兴经济的模样。

不曾想到的是，第二天晚上的"星光夜市"才让人大开眼界，叹为观止。

星光夜市，规模宏大，人流如织，一些地段摩肩接踵，吃的喝的，唱的跳的，目不暇接，声光电映亮天地，航拍一定是一幅五彩斑斓画卷。

尤其夺人眼球的是女性着艳丽傣家服饰者众多，穿行其间风姿绰约，顾盼生辉。商家小贩费尽心思突出异域风情，售卖的水果、小吃许多品种是我等内地客闻所未见的。

夜市设在穿城而过的澜沧江两岸。最让人新奇的是河畔一景，名为"旅拍"。站满河边梯坎的全是女性，不分年龄大小，人人穿改良过的"花腰傣""大袖傣"华丽服饰，有的还头戴尖顶"鸡枞"斗笠帽，在一组一组的灯光映衬下，风采各异，文旅意韵浓郁，配搔首弄姿，浓妆艳抹，拍了一桢又一桢。

我疑心，如过江之鲫的写真者，到底是引游客上钩参与还是真有如此兴隆的留影业务？

忆起十多年前，随官方所谓文旅考察团队到此，边境小城低调务实，沿澜沧江边打造的文艺范国际酒吧一条街，完全不能与今夜景象同日而语。有意再寻当年故地，因人生地不熟，悻悻离去。

走遍神州大地，还算见多识广，搜词良久，星光夜市只能用"震撼"二字形容。难怪它号称亚洲第一夜市。

谁如此大手笔打造？翻入场时必扫的二维码，不看还好，越看越糊涂。公众号名为"游好告庄"，是云南景兰文旅集团开发的。"告庄"是地名吗？为何又取名"星光夜市"？

无可置疑的宣传方能传之久远。

遗憾的是，离开景洪第二天，疫情三年后首次傣家泼水节在星光夜市盛大开幕。我们只能翻掌媒视频欣赏了。

傣家园：别样的风情

夜晚晃悠到星光夜市，白天打卡了傣家园和中科院西双版纳植物园。

离城后走国道半小时抵达傣家园。它由曼将、曼春满、曼听、曼乍、曼嘎五个傣家风情的原始村落组成，现已是4A景区。村里平坦宽阔，热带植物遍布，椰子、香蕉、竹林等果木郁郁葱葱，一派亚热带风光和异国情调。道路四通八达，电动摆渡车来回穿梭。居然还有一所幼儿园，正遇放学，门前热闹异常。

十多年前最深印象是围着一圆形的大型广场，中间矗立一大型象雕，游客们换上短裤T衫兴奋地泼水撒欢。广场还在，正好遇每天简易的傣式泼水表演时间，节目单调，演员不多，游客兴奋劲不够，下场互动泼水者缺乏狂欢之势。我们一帮老头，看看热闹，兴味索然。

转而漫步村内，傣家人信佛，寺庙占地不大，低矮小巧，或金碧辉煌，或纯白得耀眼，无此信仰，外行也就无法看出门道。

原住民家家户户占地宽敞，房屋为"干栏"式竹楼，户与户之间以矮矮的竹篱为栏，上立小型象雕，自成院落。一楼一底，底层设接待游客的餐厅。摆渡车师傅反复向我们推荐品尝傣家菜，响应者少，只好作罢。

其时正是午餐时辰，未能品鉴傣家酸、辣、苦、甜、香、脆的傣家菜，巨大遗憾。

植物园：开眼界

出园搜下一个游览地，"热带雨林谷地"，门前人少车稀，门票还贵。转而进入邻近的中科院西双版纳植物园,入园才恍然,我来过,问:"含羞草、跳舞草、一剑封喉树还有吗?"年轻的导游回:"有。"

植物园是我国热带植物学研究的重要基地和科普旅游胜地。全园占地面积约 1125 公顷,是国内面积最大、收集物种最丰富、植物专类园区最多的植物园。

园区分北园南园,逛完要五个多小时。太专业了,只能听导游摆布,王莲池、棕榈园、百花园……一路车览观光,核心点下车听讲。兰花螳螂,热带雨林大板根,绿石林,同行者连呼"不懂,但开眼界"。

来到"树海行"群雕,以植物园开创者、著名植物学家蔡希陶教授为主所塑,因喜阅人物传记,我对蔡希陶教授略知一二。他 1958 年带领一批有志青年创建植物园并兼任主任。一生为祖国植物学事业、云南烟草业、橡胶业等经济产业和热带雨林保护作出了不可估量的贡献。他亲手种下的龙血树郁郁葱葱,枝繁叶茂,犹如他所开创的事业。

难受的是,景洪的气温高达 38 度,比重庆夏天有过之而无不及。

西双版纳以热带雨林、丰富的生物多样性和浓厚的民族文化而闻名。都见识了,明天将离开,人人都已进入疲惫模式,身体健壮的唐姓诗人写道:

美丽的西双版纳

西双版纳风吹暖,突感气候叫人懒。早闻自治州版纳,滇南边疆数一甲。湄公河畔旅拍忙,网红打卡多奇洋。游女赤背着傣衣,未分年轻与年老。星光夜市放光芒,点缀星空和广场。傣寨建筑加泼水,终见情景难后悔。幻想游玩建特区,四方涌之人觊觑。植物园里花下识,一万三千目不给。景洪大象街上立,孔雀独树未动移。虽远行车一千三,心满意足乐开怀。

大理:风花雪月之地

先讲花絮。

版纳晨起,住地门前吃早餐,小米粥、油条、包子、米粉任选,老板为中年妇女,戴眼镜,一口非标准的北方话。从贵州到云南,早注意此现象,早餐店都由北方人承包似的。

赴大理。两车首驾者查"高德",统一线路。老年人智能手机耍得不利索,几天来没哪一次是行进在一条道上的。

一路高速。好笑的是中途分路时,后车欢快地长驱而过,完美走错。几分钟前还专门提醒右行分路。

晚餐桌上一番调侃。一帮老头,人人有个性,生活的逻辑已自囿于已有认知,不可能也未曾想要再进步,开心快乐才是王道,管他三七二十一。旅游真能看清人的性格。

言归正传。

到大理已是华灯初上。晚8点填饱肚子。三两一伙,逛城墙包围的大理古城,跟多年前一样,千篇一律的手工银器、奶茶、民谣酒吧,灯影迷离,人流如潮。琳琅满目的小商品,拉动的是千里之外义乌的GDP,高度商业化,古城魅力大打折扣。

但大理也有与众不同之处,更文艺更暧昧,比如店门前的招贴:"想你的风吹到了大理""十有八酒人生如戏""风花雪月等你来尝"。

喧嚣掩盖不了大理厚重的历史文化。唐宋时期,这里相继建立过南诏、大理国两个地方政权,是云南政治、经济、文化中心,古城是明洪武十五年(公元1382年)新筑府城。1982年,重修南城门,门头"大理"二字集郭沫若书法而成。

第二天洱海环线游,我感到颇新鲜,因之前来大理还未环洱海游玩过。洱海是中国第七大淡水湖,也是亚洲最高海拔高原湖泊之一。湖区有丰富的湿地生态环境,吸引了许多候鸟和珍稀鸟类栖息和迁徙,是一个观鸟的理想地。

媒体和攻略上的喜州古镇、理想邦、金梭岛、双廊古镇、新兴大桥,一网打尽,甚至还远眺了小普陀,因都是车览、短暂打卡,候鸟一只也没看见,但心满意足了。

"深度游可以再来撒。"导游的鼓励让人莞尔。

听导游介绍,舞蹈家杨丽萍修筑在双廊古镇洱海边的太阳宫和月亮宫,无偿捐给了国家。

特色鲜明的是"理想邦 圣托里尼",名字怪异,闻所未闻,怕又是抄袭希腊名胜圣托里尼。但导游说短视频上特别火,是来洱海必打卡之地。

理想邦面朝洱海,外观呈城堡之势,规模宏大,全白色建筑,远远可见。门前马路上多名交警维持秩序,流量可想而知。

随人流进入拾级而上,沿途酒店、泳池、茶吧等风格独具,赏心悦目。准新人拍婚纱照者不在少数。同行的老人忍不住拉着我给他在一泳池旁留影拍照,我开玩笑,要是披白色浴袍夹一支烟就牛逼了。

走了一圈才知这原是一个免费开放的度假小镇,分爱琴海风格、私人定制客栈区、悬崖酒店板块。未曾看过的《妻子的浪漫旅行》第四季取景后,吸引了游客和网红纷至沓来。

回程时,窗外城市建筑越来越多,原是大理开发区沿洱海所建,我和诗词达人同时感慨,这对洱海的保护是利还是害啊?但愿是多余的忧虑。

高原上的大理，处苍山洱海之间，平均海拔2000米左右，白色民居炊烟袅袅，田连阡陌，富庶之相一眼可见。

想起昨夜喝的大理产"风花雪月"啤酒，瓶贴设计清醒阅目，"此刻如诗，风花雪月"广告语过目不忘。一行小字"下关风，上关花，苍山雪，洱海月"曝本地浪漫风情。只享受了下关的风，上关的花处处可见，苍山雪季节不对，洱海月只留遗憾。

结束之际，"唐诗"不能少——

大理古城赞

艺海泛舟妙自然，雪中古城画诗意。冰壶秋水叠雪山，刚健中正明月情。"水性杨花"香野菜，"苍山树皮"似咸菜，"白族生皮"端上桌，也算云南怪中怪。

丽江：难忘骑马上雪山

白天逛完洱海，晚7点出发去丽江。出大理城后先走一段路宽车少的国道，然后一路高速，晚10点抵达丽江古城。

丽江古城，是世界文化遗产、中国历史文化名城，只此名头就足以秒杀绝大部分景区。如果说"灵魂和身体，总有一个在路上""世界这么大，我想去看看"，丽江无疑是众人首选之地，名气太大了。

夜晚的丽江城繁华喧嚣，车水马龙，建筑古色古香，酒店多如牛毛，浮光掠影中，感觉市政管理比较规范有序。下榻酒店门前即是古城入口。几爷子浅斟低酌毕，微醺且体力充沛者直杀进古城。

夜游从大水车开始，酒吧街人声鼎沸，霓虹闪烁，透过大落地窗，浅吟低唱，酒瓶晃动，一览无余。道路蜿蜒曲折，小桥座座，流水淙淙，西双版纳星光夜市的旅拍情景重现，这是十多年前未有的场景。

夜太深，观古城夜景的文昌宫也许早已错过，纳西古乐音乐厅关门闭户，著名传承人宣科还在？行至核心区四方街，只余少数游客匆匆而过，曾参与感极强的纳西族人的盛装篝火晚会，只余下合围而舞的记忆。

纳西象形文字绘画馆、木府、三眼井、光碧巷、白马龙潭寺……夜游必体验景点，也是独特的纳西族文化符号，全都淹没在沉沉夜色中，只仿佛剩下茶马古道的余响。

浮光掠影后，按"高德"步行回住地，正低头辨路时，不知啥时一小姐姐靠近主动搭讪，她指着手机要说什么。我未听清就粗暴打断了她，转身离去。都说丽江是"艳遇之都"，夜深人静的此刻，难道这就是？

"艳遇之都"的名号，源于2004年在此拍摄的偶像剧《一米阳光》的热播。现在看那是一个有些俗气的爱情故事，但以"一米阳光"命名的酒吧却散枝开叶在全国各地的景区。

鬼使神差，这是第三次来丽江。前两次逛遍了大研、束河、白沙三个古镇。喧嚣的大研，静静的束河，厚重的白沙，如今还是否拥有曾经的模样？唐诗人诗性极浓：

夜叹丽江古城

丽江古城不夜城，子时前后酒歌人。非到卯时歌不歇，白昼又迎各路人。古屋小桥水穿城，大堂小场柳迎人。试问此景有几多？天下古城难比赢。

于我，则最难忘的是多年前第一次来丽江骑马上玉龙雪山。

一早从大研客栈出发,坐小"长安"摇至山脚一小院,几匹瘦骨嶙峋的马儿,看上去都不忍骑上,同行三人中有正处热恋的同事,心情愉悦,敢闯勇试,100元一骑,骑师鼓励"放心,我要随行牵着"。于是我们翻身上马,晃晃悠悠出发。

小插曲是,未曾注意到一个二十多岁的小姑娘,在我们上马前怯生生征询意见,"一个人,想随我们一起走",素以胆大著称的同事连连赞同。

走啊走啊,沿山势一路往上,雪山看上去近在咫尺,但就是走不到头,到达一山脊前,马夫们席地而坐,指着皑皑雪顶说:"你们自己爬吧。"

我们雄赳赳地下马,徒步往上爬,脚下不是雪,是瓦砾式的碎石头,根本没有路,坡势陡峭,一踩一滑。此时我开始疑惑,这是上玉龙雪山?除了我们4个,其他游客一个没有。

上气不接下气地到达山脊,大风呼号,吹得人都站立不稳。不仅没有一个人影,也没任何景点标识,我们突然清醒,受骗了。

此时主动入团的小妹心情大好,摆起了龙门阵。原来她在广东佛山打工,被男朋友抛弃,一个人利用假期来丽江回忆过往,释放心情。

我们强忍愤怒,放平心态,打道回府。

都说上山容易下山难,骑马下山更甚。一男一女戴着墨镜在马背上疲惫得一仰一倾,连续不断,煞是搞笑。好不容易到达终点白沙古镇时,个个双腿无法并拢,走路一瘸一拐,那场景真是又好笑又好气。

回到客栈,老板可能对介绍此笔业务成功沾沾自喜,笑意盈盈地询问感受。此刻才明白,他把我们当成驴友,想来体验爬玉龙雪山。

更气人的是，说出来要笑死看官，玉龙雪山可以坐索道上山！

泸沽湖：静静的春天

晨起，出发去泸沽湖。

这是我此行唯一的首游地。除近宁蒗县城有几公里高速，全程国道，大山连绵，盘旋前行，280多公里，下午3点抵达。

第一印象与洱海很像，高原湖泊，海拔2700米，地理位置处云南宁蒗县与四川盐源县交界处，为川滇共辖，是云南省海拔最高湖泊，中国第三大深水湖泊。纳西族摩梭语"泸"为山沟，"沽"为里，意为山沟里的湖。

湖四周山峦起伏，湖面平滑若镜，微风习习，波光粼粼。心情瞬间与山水一起宁静。

寻核心区大洛水村临湖民宿住下。村内一条街道，全是住宿餐饮，游客三三两两，仍以老人为主，与其他景区无异，渴望见识的摩梭风情，不知所踪。

晚餐石锅鱼，与老板娘聊，收获不少。

大洛水村是泸沽湖最热闹之地，开发也最早，村民的田地几乎不种了，改为经营民宿餐饮，许多人家靠收租金过上富裕生活。

用餐的这家店，目测有四五十平方米，年交租金30万，房主为摩梭村民"王年"家，"王年"为姓，摩梭人复姓居多。左邻右舍三排门面都系他家房产，三个儿女都生活在丽江。收入可想而知。

问游览什么,答可租摩梭人独木舟,当地人称猪槽船,坐船游览湖心岛。

"摩梭人的篝火晚会马上要开始了。"老板娘说。听到这个,我们欣然前往。晚会由村民表演,每家每月出一人参与,门票25元。表演现场居街道中部,一烧烤摊主主动问要票不?25元!简陋的售票窗口处标价30元。

进入场地,四周如体育馆呈梯级状安放座椅,大约可坐1000人。几个铸铁管升起的顶篷上挂满彩旗,舞台中央点燃一堆柴火。好玩的是篝火下放着两个大铁皮桶,装的是水?

7点45分,约40名着民族服装的摩梭男女围火而舞,与见过的众多少数民族表演相似,约半小时后邀观众下场同舞同乐。舞蹈名"甲搓舞",俗称"锅庄舞",每逢节日或婚丧嫁娶当地人都围火而跳。

简陋,简便,价廉,是我游遍神州山川见过最接地气的晚会。想欣赏的摩梭人文风情,只见到了一矮墩黑脸汉子,白衣白裤,腰缠一不辨颜色宽布,吼了几句完全听不懂的歌,猜想这就是摩梭文化?

场地四周座无虚席,但中途离场者不少。

出场后沿湖边木道闲逛,风大,静谧。同行者指湖远处一排闪烁灯光,说属云南,另一面黑咕隆咚的地方是四川。

静是泸沽湖的主旋律,它是发呆的绝佳之地,是一块引人无限遐想的高原之湖。

如此圣境之地,睡得还不踏实,第二天精神萎靡不振,出发,目的地为雅安。

环泸沽湖前行,进入四川境内,见有"泸沽湖镇"标识时,加宽路面铺沥青,堵车几百米,1个小时后才得以通行。由此可见，两省对旅游开发的云泥之别。百无聊赖之时，同行者下车无意中参观了摩梭人的"走婚桥"。"唐诗"因此新鲜出炉：

  草海横架走婚桥，摩梭阿夏初会道。两岸通婚必经地，土司代代传佳谣。

  全程高速回渝，"特种兵式"出游安全结束。
  一帮老人，靠率性和激情，横跨三个省份，一路走马观花，这份洒脱和勇毅，会被铭记，可载入游玩野史！
  我们用一生收集阳光，黄昏一定会灿烂无比！

2023年4月29日

后记

"消失"的报社

一家具有70年历史的报社"消失"需要多久时间？答案是几天时间足够了。

2020年9月28日，重庆市涪陵区融媒体中心挂牌成立，领导班子到岗运作。紧接着国庆节放长假，10月8日上班。

《巴渝都市报》，这张具有70年历史的传统纸媒事实上已消失，一切保持静默。

原领导班子全部迁往车程需15分钟的广电中心办公楼。因为新机构的牌子挂在那里。

兴华西路4号报社大院内，"巴渝都市报社"的吊牌被摘下，多间办公室空置，停车更加拥挤无序，员工们忐忑不安，等待观望，是不是暗暗欢呼雀跃不得而知，因为再也不会与领导抬头不见低头见，"上班全凭自觉"，遇有人调侃，回答大都是"我还很忙哦"。

未消失的是邻居校园准时的钟声，大院外车水马龙，繁华依旧。

《巴渝都市报》成立于2005年，是改革的产物，当年全国治理报刊散滥乱，原则上区县级不再审批保留公开出版的党委机关报，《涪陵日报》因而寿终正寝。新报社因势而生。

名字无论怎样变，不变的是它的传承和基因。

报社的前身是1950年4月创刊的《群众报》（后几易其名，改革时为《涪陵日报》），经过区委向上级恳请，说明报社是解放后重庆辖区创办的第一张机关报，历史悠久，重庆成为直辖市后地级市的涪陵变成了区级行政区划等理由，主管主办单位改为重庆日报报业集团，不再保留"涪陵日报社"，新设"巴渝都市报社"，才得以生存延续。但新报纸变为了非时政类都市报，面向市场发行。

15年后，改革重现。

成立县级融媒体中心是党中央的重大决策，涪陵区融媒体中心由报社、广播电视台两家区内传统新闻媒体机构合并而成。与全市30多个区县融媒体中心不同的是，万州、涪陵、黔江三个区的报纸、广电台均取得了国家出版播放许可。《巴渝都市报》报头期期印有"国家统一连续出版物CA00-0027"编号，相较于其他区县在近十余年成立的新闻机构，三家新闻单位体量大，人员多，历史久，需解决的问题、矛盾和困难更多。

历史洪流滚滚向前，世事沧桑变幻莫测，改革是社会前进的动力，大势所趋。报社作为一家事业单位，在成立融媒体中心后溘然消失是题中应有之义。新老报人的遗憾、伤感、失落，只是一种正常的自我情绪，没人在意。

融媒体中心成立后，两家新闻机构传播载体不同，采访手段不同，文化底蕴更不一样，如何有效融合，真正做到坐在一起，干在一起，最终想在一起？关键是利用好原资产，建设好队伍，让管理提档升级，"四力"得到提升。

融媒体中心要走的路还很长，尤其在信息繁杂、众声喧哗、人人都是传播者的当下。

正因如此，不揣冒昧，将自己从业新老媒体一辈子的实践、认识，循环往复的积累总结成书，望能给后来者和有兴趣者有所参考。

2023 年 6 月盛夏